Sylvia Filz
Sigrid Konopatzki

1. Auflage August 2015

Cover: istockphoto © inarik
Foto Seite 4: istockphoto © mikedabell
Cover Fortsetzung *Rosige Zeiten*: fotolia © Taiga
schreibkatzen@web.de
www.schreibkatzen.jimdo.com
Printed by Amazon Distribution GmbH, Leipzig

Wir mögen Geschichten, die sich nah am realen Leben orientieren. Unsere Romane haben deshalb als Grundlage immer ein wahres Ereignis, um das wir die Geschehnisse drum herum erfinden, genauso wie die Personen.
Es macht uns richtig Spaß, den Figuren eine Existenz mit all ihren Facetten einzuhauchen. Und wenn das Buch an Seiten zulegt, wird es spannend, denn jede von uns entwickelt zu einem dieser fiktiven Menschen eine besondere Zuneigung ...

Viel Spaß!

Sylvia und Sigrid

Im verwunschenen Teil des Schlossgartens …

Das Sommerhaus des alten Schlosses

♥ 1 ♥

»Kakerlake«, zischte Trixi, während sie die Tür des Gerichtssaales mit Wut hinter sich zuschlug. Nichts wie weg hier! »Mega-Kakerlake!«

»Sie meinen hoffentlich nicht mich!«, vernahm sie eine tiefe Stimme und blickte in das Gesicht eines lächelnden Mannes im Talar, den sie fast umgerannt hätte.

»Entschuldigung, ich war in Gedanken!«, hörte sie sich sagen, strich eine schwarze Haarsträhne aus dem Gesicht, hastete weiter und dachte, wenn mir jetzt noch einer in Richterrobe blöd kommt, hau ich ihn um! Auf diese Spezies war sie gar nicht gut zu sprechen, denn soeben hatte ein Richter ihrem frischgebackenen Exmann zu einem nicht unerheblichen Teil ihres Vermögens verholfen.

So bemerkte sie nicht, dass ihr ein interessierter Blick folgte.

Na klasse, dachte sie, das ist in unserer Familiengeschichte bisher auch noch nicht verzeichnet! Sie, die junge Beatrix Gräfin von Schlomberg, keine dreißig, dafür bereits geschieden! Da hab ich ja echt was geleistet – in negativer Hinsicht. Nun, ein schwarzes Schaf – passte schließlich hervorragend zu ihrer Haarfarbe – musste es ja in die ehrwürdige Chronik schaffen!

Vor dem Gericht holte sie erst einmal tief Luft. Ihr Blick fiel auf das direkt vor dem Gebäude geparkte feuerrote Sportcoupé ihres Geschiedenen. Der Kerl war wie immer rotzfrech, stand er doch auf einem Mitarbeiterparkplatz!

Ihr juckte es in den Fingern. Am liebsten hätte sie mit dem Autoschlüssel mal eben von vorn bis hinten dran längs gekratzt! Aber das Auto konnte ja nichts dafür. So riss sie sich zusammen und trat nur heftig mit dem Fuß gegen einen Reifen. Blöderweise hatte *sie* ihm dieses Prachtstück zum Geburtstag geschenkt. Da war ihre Welt noch in Ordnung ...

Trixi ging ein paar Meter die Straße hinunter. Sie hatte ihren Wagen ordnungsgemäß auf einem Parkstreifen stehen. Etwas klebte unter dem Scheibenwischer. Sicher wieder diese dämliche Werbung *Ich kaufe jedes Auto.*

Leider war es ein Knöllchen! Sie hatte vorhin in ihrer Aufregung die Anwohnerparkplätze übersehen! 35 Euro weg! Verärgert stopfte sie den Zettel in ihre Handtasche und setzte sich in den Wagen.

Sie lehnte sich zurück, atmete tief ein und schloss die Augen. Es war vorbei! Geschieden! Und das nach rekordverdächtig kurzer Ehe! Ihre Träume waren zerplatzt.

Trixis Gedanken wanderten noch einmal zu dem Abend, an dem sie Dirk Platter auf einer Party ihres Bruders Richard, der nur Rick genannt wurde, kennenlernte. Er stellte ihn als ehemaligen Studienkollegen vor. Vier Semester hatten sie gemeinsam studiert, dann war Dirk in ein anderes Bundesland gezogen.

Er hatte Trixi mit lockeren Sprüchen den Abend über bestens unterhalten. Dirk reiste sehr gern und konnte so viele amüsante und kuriose Geschichten erzählen. Endlich ein Mann, der nicht nach den Ländereien und Geschäften ihrer Familie fragte!

Außerdem sah er ungemein sexy aus. Er war groß und sportlich. Die enge Designer-Jeans mit dem schwarzen Gürtel, der auf Hüfte saß, betonte seine Figur. Auch ließ die Jeans keine Zweifel daran, dass seine Oberschenkel bestens trainiert waren. All das hatte ihre Fantasie galoppieren lassen.

Er hatte sehr wohl gewusst, wie er sie beeinflussen konnte, denn er bat zwar später um ihre Handynummer, ließ sie aber ein paar Tage zappeln, bevor er sich bei ihr meldete. Ab da schwebte Trixi im siebten Himmel. Sie wusste nicht, dass sie seit dem ersten Treffen mit ihm geradewegs auf dem Abmarsch Richtung Hölle war.

Erst eine Woche nach der Party lud Dirk sie zu einem romantischen Dinner in ein Nobelrestaurant ein. Sie verliebte sich Hals über Kopf.

Knapp fünf Monate später erhielt sie einen Heiratsantrag von ihm, der sinnlicher nicht hätte sein können.

Ihr Bruder Rick, Sportmediziner, war zu einem Sportkongress nach London gereist. Ihr Vater verbrachte ein paar Tage bei einem befreundeten Grafen in Mecklenburg-Vorpommern. Die Haushälterin hatte noch ein leichtes Abendbrot gerichtet und war dann gefahren. So waren sie im Schloss allein.

Trixi bewohnte den Südflügel, dessen Gartenbereich nahezu in sich abgeschlossen war – im Gegensatz zu den Wohnbereichen ihres Bruders im West- und des Vaters im Ostflügel.

Die Sommernacht war lau. Der Vollmond schickte sein milchiges Licht vom Himmel und tausend Sterne leuchteten. Dirk, der sich bei ihr wie Zuhause fühlte, war in die Küche gegangen und kam mit einem Champagnerkübel auf die Terrasse zurück. Die Eiswürfel klimperten, es war das einzige laute Geräusch in der windstillen Nacht.

Dirk füllte die Gläser. Sie prosteten sich zu, und noch bevor sie einen Schluck des kühlen Champagners trinken konnte, küsste er sie. Wie zufällig wanderten seinen Finger über das cremefarbene Seidentop zu ihrer Brust, die er zärtlich umfasste. »Wundervoll!«, flüsterte er ihr ins Ohr, »wie für mich gemacht! Sie passt genau in meine Hand, Baby!«

Trixi trug keinen BH, den brauchte sie nicht. Durch Dirk hatte sie ihre Komplexe bezüglich ihres Busens verloren. Da sie nur die kleinste BH-Größe benötigte, verzichtete sie daheim ganz auf das weibliche Teil.

Wie oft hatte sie ihre Freundinnen beneidet, die im Teenie-Alter das Wachstum ihrer Brüste miteinander verglichen. Bei ihr hatte sich allerdings nichts mehr vergrößert. Sie war sowieso figurmäßig zart und fast jungenhaft geblieben.

Eine der schlimmsten seelischen Verletzungen hatte ihr ein Mann, in den sie sehr verliebt war, zugefügt. Er hatte nach einer gemeinsam verbrachten Nacht geringschätzig gesagt, bei ihr wisse man ja gar nicht, wo vorne und hinten sei. Es wäre alles gleich, und er schickte noch mit Verachtung in der Stimme hinterher: »Bei dir war der liebe Gott so nett und schoss zwei Erbsen auf ein Brett.«

Aber das war längst vorbei. Dirk liebte sie.

Das erste Glas Champagner war schnell getrunken. Dirks Küsse wurden fordernder.

»Es ist Vollmond, Baby! Das macht Männer heiß!«, flüsterte er und knabberte an ihrem Ohr. Ein Schauer rieselte Trixis Wirbelsäule hinunter und ihr Unterbauch wurde lebendig.

»Was hältst du davon, wenn wir uns noch ein Bad im Whirlpool gönnen?« Dirk sah sie fragend an.

»Eine brillante Idee!«, hauchte Trixi und drängte ihren Körper an seinen. »Komm!« Dann zog sie ihn an der Hand ins Gebäude.

»Lass deinen Slip und das Seidentop an!«, raunte er und küsste durch die Seide ihre Brustspitzen, die sich sofort aufrichteten. Trixi atmete schneller.

»Ich hole den Champagner! Geh schon ins Wasser, Sweetheart!«

Rasch war er zurück. Er hielt ihr das Glas an den Mund, und sie nahm einen Schluck. Mit der Hand machte sie ihm Zeichen. Er lachte. »Erst ganz austrinken! Ich liebe es, wenn du einen leichten Schwips hast!«

Er trank ebenfalls ein Glas auf ex, zog sich aus und stieg zu ihr in den Whirlpool. Die Massagedüsen wirbelten das vom Boden her beleuchtete Wasser angenehm auf.

»Du bist so schön, Trixi!« Er umfasste ihre schmale Taille und zog sie an sich. Sie spürte seine Erregung. Seine weichen Lippen waren überall. Die Stellen, die er berührte, schienen Feuer zu fangen. Seine Finger wanderten unter das nasse, an ihrem Busen klebende Seidentop, umkreisten ihre Brustspitzen.

Er presste seinen Körper nun fest an ihren. Während er sie küsste, schob er ihren Slip ein wenig beiseite. Als er in sie eindrang, stöhnte sie genießerisch auf. Das Wasser aus den Massagedüsen wirbelte in ihrem Rücken, seine kräftigen Stöße sorgten für Erregungswellen bei ihr. Diesmal kamen sie fast gleichzeitig – so einen Höhenflug hatte sie bisher nie erlebt.

Während sie nach Luft schnappte, die Augen noch genüsslich geschlossen, hörte sie ihn sagen: »Trixi, möchtest du meine Frau werden?«

In diesem Augenblick wurde sie durch ein Klopfen an der Autoscheibe grob aus ihren Erinnerungen gerissen. Sie öffnete irritiert die Augen, drehte den Kopf und sah in das hämisch grinsende Gesicht von Dirk, der ihr den Stinkefinger zeigte.

Sofort startete sie ihren Wagen und fuhr an. Entsetzt sprang er zurück. Im Rückspiegel sah sie, wie er einen Fuß nach oben zog. Aha, das war also gerade der Widerstand gewesen, über den sie gerollt war. Prima! Da folgte ja die Strafe im wahrsten Sinne des Wortes auf dem Fuße!

Nichtsdestotrotz hatte sie Tränen in den Augen. Zitternd tippte sie die Kurzwahl ihres Bruders ins Autotelefon, der ohne Begrüßung direkt fragte: »Und?«

»Ich bin ihn los! Diese linke Bazille! Gut, bis die Scheidung rechtsgültig wird, dauert es noch ein paar Tage, aber das ist ja sowieso nur rechtlicher Kram!«

»Bleibt es dabei, dass wir uns gleich zum Mittagessen im *Seeblick* treffen?«

»Sicher! Sagen wir um eins? Ich gehe nämlich jetzt zum Friseur, habe ich soeben beschlossen.«

»Trixi! Nein! Deine Haare sind schön so!«

»Jaja! Bis gleich!« Sie drückte das Gespräch weg.

Warum nur, dachte Rick, müssen Frauen bei einer Veränderung in ihren Lebensumständen immer direkt zum Friseur rennen?

Rick war ein paar Minuten vor der verabredeten Zeit im *Seeblick*. So orderte er schon für beide einen Sekt Rosé on Ice. Seit Längerem liebte Trixi diesen fruchtigen Sekt, der extra für den Genuss auf Eis gemacht ist und ganz modern in einem großen Weinglas mit Eiswürfeln serviert wird.

Kurz danach traf Trixi ein.

»Uh!«, meinte Rick. »Heute ein roter Hosenanzug?«

»Ich wollte wie ein rotes Tuch für ihn wirken, der Schuss ging aber nach hinten los!« Sie erzählte noch im Stehen die Story mit dem Stinkefinger.

»Setz dich erst einmal!« Rick war positiv überrascht. Sie hatte sich tatsächlich von ihrer Pagenfrisur getrennt und trug nun einen flotten Kurzhaarschnitt. Ein paar Ponyfransen hingen ihr frech ins Gesicht, der Rest war gekonnt gestuft und gewuselt. Diese Frisur passte perfekt zu ihren großen dunkelbraunen Augen und der hellen Haut.

In dieser Hinsicht war sie ein Phänomen – Porzellanhaut und schwarze Haare. Ihr Vater war darauf sehr stolz, denn er erzählte gerne, dass dieses Aussehen seiner Linie entstammte, genauer gesagt sei Trixi ein Abbild seiner Urgroßmutter. Tatsächlich konnte man eine gewisse Ähnlichkeit nicht verleugnen. Davon zeugte ein Ölbild in der Ahnengalerie des Schlosses.

Sie wirkt heute irgendwie noch zarter und verletzlicher, als sie eh schon ist, dachte Rick berührt. Obwohl man sich da verdammt täuschen konnte!

Als Kind wusste sie mit Mädchenkram nichts anzufangen. Röcke und Kleider verweigerte sie – und so war es bis heute – die trug sie nur, wenn es die Etikette zu offiziellen Anlässen erforderlich machte.

Ständig war sie mit ihrem Bruder zusammen gewesen, *ihr* Lieblingsspielzeug war *seine* Spielzeugeisenbahn. Sie errichteten ganze Dörfer, legten Strecken um, fummelten an der Elektrik. Nach der Schule rannten sie gemeinsam in den Wald, der zum Schloss gehörte, sammelten Holz und Moos, bauten Hindernisse und Verstecke und beobachteten Rehe und Wildschweine, oft mit dem alten Förster, von dem sie viel lernten.

Aber die unbeschwerte Kindheit hatte ein abruptes Ende, als ihre Mutter völlig unerwartet starb. Ein Aneurysma raubte der erst Dreißigjährigen das Leben. Ein Schock für den jungen Grafen, der mit seinen Kindern, acht und neun Jahre, allein zurückblieb.

Rick sackte in den folgenden beiden Jahren in der Schule katastrophal ab, wurde aufmüpfig und es drohte, dass seine Schwester in die Abwärtsspirale mit hineintrudelte.

So zog Bernhard Graf von Schlomberg schweren Herzens die Reißleine und schickte seinen Sohn auf ein englisches Nobel-Internat.

Die weitreichenden Folgen konnte er nicht absehen. Die Eliteschule legte den größten Wert auf sportliche Ertüchtigung. Das ging dem jungen Erbgrafen in Fleisch und Blut über. So verlor Graf Bernhard den männlichen Nachfolger für die riesige Apfelplantage des Schlosses, denn sein Sohn studierte Sportmedizin.

Zu seiner eigenen Überraschung zog er somit eine weibliche Erbin heran. Tochter Trixi begleitete ihren Vater beim Schnitt der Bäume, zur Ernte, auf den Fahrten zu den Produktionsstätten, wenn aus den verschiedenen Apfelsorten gräflicher Apfelsaft oder Apfelkompott wurde. Letztendlich studierte sie Ökotrophologie und war auf dem besten Wege, die heimische Apfelplantage zu übernehmen, sobald sich der Graf aus den Geschäften zurückziehen würde. Aber das lag in weiter Ferne.

»Das steht dir echt klasse«, bewunderte Rick seine Schwester. »Hätte ich gar nicht gedacht! Irgendwie siehst du aus wie ein ultramodernes Schneewittchen!«

Trixi grinste. »Danke! Du, ich brauch einen Prosecco, damit das Leben wieder spritzig wird!«

Genau in diesem Augenblick wurde der Sekt Rosé on Ice gebracht.

»Ich war voreilig und hab gedacht, *den* willst du jetzt!«

»Naja, ich fühl mich heut nicht wirklich rosé, aber was soll's! Her damit! Trinken wir darauf, dass ich diese Schmeißfliege los bin!« Sie stießen an.

»Erzähl!«, forderte sie ihr Bruder auf.

»Es ist genauso gekommen, wie unser Anwalt gesagt hat. Rechtlich gesehen können wir nichts machen, was das Hotel in Florida betrifft. Ich habe alle Geldübertragungen unterschrieben, im Vollbesitz meiner geistigen Kräfte, wie es so schön heißt. Das kommt halt davon, wenn man zu vertrauensselig ist.« Die Bitterkeit in ihren Worten war unüberhörbar. »Aber wie würde Großmutter jetzt sagen? Da liegt sowieso kein Segen drauf! Und darauf hoffe ich stark!« Sie nahm einen großen Schluck Rosé. »Hach, lecker! Weißt du, was mich am meisten ärgert? Noch nicht mal, dass gut die Hälfte meines Geldes weg ist, der Scheißer trägt unseren Namen!«

»Das war ja sein Ziel! Der Name öffnet Türen!«

»Ich könnte den Richter frikassieren.«

»Trixi! Hör auf! Ein Richter muss sich an Gesetze halten!«

»Ach ja? Die haben doch Handlungsspielraum, diese selbst ernannten Götter! Und die zwei anderen, die dabei saßen, haben seine Entscheidung abgenickt. Weicheier!«

»Es ist vorbei, Schwesterherz!« Er tippte ihr liebevoll mit dem Zeigefinger auf die Nasenspitze.

Trixi musste aber das letzte Wort haben. »Waschlappen-Team!« Und das kam von Herzen.

Die Bedienung erschien und nahm die Bestellung auf. So waren ihre Gedanken erst einmal abgelenkt.

♥ 2 ♥

Trixi konnte nicht ahnen, dass ihr Bruder bereits eine Detektei beauftragt hatte, die ein bisschen in der Vergangenheit von Dirk schnüffeln und ihn, solange er noch in Deutschland war, im Auge behalten würde.

Rick hatte ein furchtbar schlechtes Gewissen. Schließlich hatte *er* Dirk seiner Schwester vorgestellt. Eigentlich hatte er sich richtig gefreut, seinen damaligen Studienkollegen bei einem Sportkongress, den er moderierte, wiederzutreffen.

Dirk war früher niemals neidisch oder gierig gewesen, ihm hatte der gräfliche Titel von Rick auch nicht imponiert; jedenfalls dem Anschein nach.

»Ich hab einen Strafzettel gekriegt!«, hatte er einmal erzählt. »Die sind so doof da, immer schreiben die alle Namen auf, die im Führerschein stehen. Ich kriege somit Post an Dirk Egon Erwin Platter. Super, echt! Die von der WG amüsieren sich schon seit Tagen darüber und wollen gar nicht aufhören!«

»Da hab ich ja Glück«, hatte Rick gegrinst, »dass die Post zu mir nach Hause kommt!«

»Wieso?«

»Na, bei meinem Rattenschwanz ...«

»Stimmt, du bist ja adelig, die pappen alle verfügbaren Namen der Vergangenheit mit rein, ne?«

»Ja ja.«

»Sag schon! Wie sind deine?«

Und nach ein bisschen Geplänkel gab Rick seine Namen preis.

»Ich heiße Richard Bernhard Ludwig Friedrich Carl-

Wilhelm Graf von Schlomberg.«

Weil es so viel Spaß machte, erzählte Rick von seiner Schwester Beatrix Viktoria Isabella Maria-Theresia und zeigte ihm ein Foto. *Das* war der verhängnisvolle Fehler gewesen! Dirk hatte Trixi nicht vergessen!

Im Nachhinein war ihm klar, dass Dirk bei ihrem Wiedersehen eine Einladung forciert hatte mit dem einzigen Ziel, seine unverheiratete Schwester zu bezirzen. Er hätte sie auch umworben, wenn sie so hässlich gewesen wäre, dass man ihr beim Sex eine Papiertüte über den Kopf hätte stülpen müssen.

Bernhard Graf von Schlomberg hieß zwar den neuen Freund seiner Tochter willkommen, echte Herzlichkeit kam jedoch nicht auf.

Auch war er von der Eheschließung nach nur fünf Monaten des Kennenlernens wenig erbaut.

Aber Trixi hatte schon immer ihren eigenen Kopf, den sie wie so oft gegen ihren Vater durchsetzte. Und so heiratete sie, wie es ihr persönlicher Stil war, standesamtlich in einem cremefarbenen Hosenanzug mit Hut.

Eine einzige Konzession machte sie jedoch ihrem Vater zuliebe. Die kirchliche Trauung sollte erst nach frühestens einem Jahr stattfinden. Der Graf argumentierte ihr gegenüber, dies solle aufgrund der gesellschaftlichen Verpflichtungen gut vorbereitet sein ... er hatte wohl den richtigen Riecher! Nun hatte Trixi wenigstens noch die Chance auf eine weiße kirchliche Hochzeit.

Rick hatte aber ein weiteres Eisen im Feuer.

In der letzten Woche war er nach Miami geflogen. Dort lebte und arbeitete der superreiche Kubaner Fernando Barreras Valdés, mit dem er seit seiner Internatszeit in

England eng befreundet war. Der Familie Barreras Valdés gehörte eine Hotelkette der Luxusklasse.

Abends saßen die beiden Freunde auf der Dachterrasse des Hotels, blickten über das Meer, tranken eine Flasche Wein, die für viele ein Monatsgehalt wäre und genossen ein hervorragendes Fischmenü. Fernando hatte wieder nur das Beste aufgetischt! Sie erzählten von ihren beruflichen Zielen, von den Familien und kamen so ganz automatisch auf Trixi zu sprechen.

Rick berichtete seinem Freund offen von Trixis Desaster, und wie er den finanziellen Betrug seines Schwagers entdeckt hatte. Dirk hatte keine zwei Monate nach der Eheschließung verstreichen lassen, um mit der Transaktion von Trixis Vermögen auf ein Konto in den USA zu beginnen. Er nutzte die Liebe seiner jungen Frau schamlos aus, indem er sich Unterschriften erschlich.

Diese Unterschriften dienten dem Kauf eines Hotels, dessen Erwerb er schon vor dem Kennenlernen von Trixi in Gang gebracht hatte.

Zwar hatte er das zukünftig durchaus gewinnbringende Projekt der Familie von Schlomberg und ihren Finanzberatern vorgestellt, die das Okay gaben, aber er hatte Trixis Namen in allen Papieren außen vor gelassen! Letztendlich hatte sie das Hotel zwar bezahlt, es gehörte jedoch ihm allein.

Aufgefallen war es aufgrund einer Bitte von Trixi an ihren Bruder, ein Telefonat mit der amerikanischen Rechtsberatung für das Hotel zu führen. Durch seine Internats-Erziehung war Englisch seine zweite Muttersprache. In diesem Gespräch wurde Rick, nachdem er erst an ein Missverständnis glaubte, dann doch klar, dass Trixi in den Papieren nicht auftauchte, ihr Geld aber von den Konten verschwunden war.

Ab dem Moment der Konfrontation war Trixis Ehe zu Ende. Noch am gleichen Abend musste Dirk das Schloss verlassen.

Graf Bernhard war außer sich und bemühte direkt am folgenden Morgen die Familienanwälte.

Zum Entsetzen der Familie von Schlomberg waren aber die Unterschriften von Trixi als Ehefrau rechtsgültig.

Unfassbar auch, dass direkt an diesem Tag noch per Kurier die Scheidungsklage von Dirk ins Haus flatterte. Er hatte also völlig kaltblütig geplant. Zurück blieb eine am Boden zerstörte Trixi, die erst einmal ärztliche Behandlung benötigte.

Fernando hatte seinem deutschen Freund gut zugehört. Er machte sich Notizen zu diesem Hotelprojekt.

Und dann passierte etwas, was Rick niemals für möglich gehalten hatte. Sein bester Freund sah ihn mit seinen schwarzen Augen tiefgründig an.

»Mach dir keine Sorgen! Deine süße kleine Schwester wird ihr Geld zurückbekommen, das verspreche ich dir. Auch der Name wird wieder nur euch gehören. Nur eins vorab: Frag mich bitte niemals, wie es dazugekommen ist. Niemals!«

Rick hatte das Gefühl, als wehe plötzlich ein Eiswind um ihn. Sein Mund wurde trocken.

»Ich weiß, was du denkst, Amigo«, ergänzte Fernando. »Wir bringen ihn nicht um – nur zur Vernunft ...«

Diese unausgesprochene Drohung ließ Rick die Nackenhaare aufstellen. Er hatte es zwar irgendwo tief im Inneren vermutet, jedoch verdrängt, dass diese kubanische Familie noch ein dunkles Geheimnis hütete.

Er sagte nichts, sondern nickte nur.

Und dann lief der Abend weiter, als wären diese Sätze niemals gefallen.

♥ 3 ♥

Während sie auf das Essen warteten, fragte Rick seine Schwester nach ihrem Job.

Trixi sprudelte glücklich los. »Ab dem nächsten Ersten übernehme ich die Leitung der Abteilung. Eine echte Herausforderung, auf die ich mich mega freue. Ich habe ein ultramodernes Labor!«

Seit drei Jahren arbeitete sie bei einem großen Lebensmittelkonzern. Die Ökotrophologie war Beruf und Leidenschaft für sie.

Schon immer hatte sie sich für Nahrungsmittel interessiert. Das brachte die Kindheit mit sich. Es gab nicht nur die Apfelplantage, die zum Schloss gehörte, sondern auch einen Bereich, in dem zahlreiche knorrige Kirsch-, Pflaumen- und Birnbäume standen und Himbeerbüsche gepflanzt waren. Jedes Jahr wurden Kartoffeln gesetzt, Kohlrabi, Zwiebeln und Zucchini sowie Tomaten konnten geerntet werden. Wie gerne war sie dem Gärtner des Schlosses zur Hand gegangen, am allerliebsten, wenn die Birnen und Himbeeren reif waren.

Nun wusste sie aufgrund ihres Studiums alles über den Aufbau, die Zusammensetzung und die Auswirkungen von Lebensmitteln auf den menschlichen Körper. Das fand sie spannend.

»Ich freu mich für dich, Trixi! Übrigens, was ich noch sagen wollte: Papa will uns sprechen, irgendwas wegen des Schlosses.«

»Morgen. Heute brauche ich meine Ruhe.«

»Papa ist sowieso nicht da. Er ist«, Rick lächelte, »mit dem Bankfuzzi essen.«

Trixi kicherte. Das Wort Fuzzi war eine Marotte geworden, wenn ihnen der Name einer Person nicht auf Anhieb einfiel oder sie sich über jemanden ärgerten.

Nach dem Essen meinte Rick, der leidenschaftlicher Rennradfahrer war, scherzhaft: »Ich bin mit dem Rad hier. Willst du, so wie früher, auf der Fahrradstange mit nach Hause fahren?«

»Och nee, die vielen Kilometer bist du hierher gefahren? Wo sind denn deine Radklamotten?«

Er deutete auf einen Rucksack, der neben dem Tisch stand. »Da drin. Musste mich ja umziehen, im Sportdress futtern wäre schlecht gewesen.«

»Dann können wir doch wieder ein Wettrennen veranstalten! Wer von uns zuerst am Schloss ankommt, hat einen Wunsch frei!«, schlug Trixi vor.

Jetzt kommt sie langsam auf Normalstatus, freute sich Rick. »Ich gewinne sowieso!«

»Denkste! Aber du musst warten, bis ich aus der Parklücke raus bin! Wir starten gemeinsam an der Parkplatzausfahrt!«

Während Rick Richtung Waschräume spurtete, um sich wieder in sein Radoutfit zu werfen, öffnete Trixi das Verdeck ihres Cabrios. Erst jetzt wurde ihr bewusst, dass es ein sonniger Tag war, an dem die Fahrt offen ein Spaß wäre. Mensch, Mensch, was habe ich heute durch diesen Scheiß vor mich hingedumpft, dachte sie erschreckt.

Dann ging es los.

Mittlerweile jedoch war es Nachmittag geworden – und damit Rush-Hour! Viele wollten raus aus der Stadt und rein ins Umland. Die Autos quälten sich im Schritttempo durch die Straßen. Natürlich hatte Trixi die rote Welle erwischt! Super, dachte sie, hoffentlich kann ich auf der Landstraße den Vorsprung einholen, den Rick aufgrund der freien Fahrradwege hat. Aber auch da hatte sie heute Pech! Zuerst hatte sie einen dieser Autofahrer vor sich, die trotz Geschwindigkeit von erlaubten 100 Stundenkilometern wie ein Affe hinterm Schleifstein im Auto klemmten und über gerade mal 85 nicht hinauskamen. Das konnte sie ja so was von hassen! Warum fuhr man 85, wenn man angenehm zügige 100 durfte?

Als ihr endlich der Überholvorgang gelang, machte dieser Warmduscher mit Glasbausteinbrille ihr auch noch Zeichen, sie möge langsamer fahren. Gott, wo hatte man den denn losgelassen?

Doch die Freude über die schnellere Fahrweise war nur kurz. Jetzt klebte sie hinter einer Landmaschine, die erst einige Kilometer weiter in einen Feldweg abbog. Und dieser dämliche Osterhasen-Dompteur in seiner schmutzig braunen Wixmöhre war direkt hinter ihr und fuhr ihr frecherweise noch bis auf die Stoßstange!

Als der Traktor jedoch den Weg freimachte, zog sie die Geschwindigkeit hoch und hatte bald das Gebiet erreicht, welches schon zu den Ländereien ihres Schlosses gehörte. Glück füllte ihr Herz. Sie sah an den Spalieren die Apfelbäume in Reih und Glied stehen, deren Blätter sich leicht im Wind wiegten.

Die Apfelblüte lag schon hinter ihnen. Jedes Jahr fotografierte sie das Meer an weiß-rosa Blüten. Und erst die Lebendigkeit – unzählige Bienchen summten geschäftig von einem Blütenkelch zum anderen. In ein paar Monaten, zur Erntezeit, wäre es hier sehr belebt. Sie roch förmlich den Duft frisch geernteter Äpfel.

Kurz danach bog sie in die Allee ab, die zum Barockschloss führte. Imposante Linden säumten den Weg. Mit Herzensfreude betrachtete Trixi den alten Prachtbau, dem sie sich näherte und drosselte die Geschwindigkeit, um den Anblick zu genießen. Sie spürte, wie sich eine wundervolle Leichtigkeit in ihr ausbreitete. Sie hatte heute viel Geld verloren, aber was war das schon gegen das, was sie wiedergewonnen hatte – ihre Freiheit!

Als sie durch das riesige Tor in Richtung der großen Vorfahrt kam, sah sie Rick, der ihr lässig und breit grinsend winkte. In diesem Augenblick fuhr der alte Graf in seinem schwarzen Geländewagen um die Ecke und hielt vor dem Eingang.

Früher sprang immer Jagdhund Brömmel mit aus dem Auto, denn Herrchen und Hund waren unzertrennlich. Leider musste er vor ein paar Monaten aus Krankheitsgründen eingeschläfert werden, und der Graf hatte den Verlust noch nicht verarbeitet. Erst dann, hatte er kundgetan, werde er wieder an einen neuen Gefährten denken. Ihr Vater kam heran und nahm sie wortlos in die Arme. Nun konnte Trixi nicht mehr an sich halten, sie weinte hemmungslos.

»Kommt rein! Ich habe Emmi gebeten, bei eurer Ankunft Kaffee in meinem Salon bereitzuhalten.«

Haushälterin Emmi Mader war zwei Jahre vor dem frühen Tod der Gräfin in den Dienst des Grafen von Schlomberg getreten. Sie lebte mit ihrem Mann und drei Söhnen einige Kilometer weiter im angrenzenden Dorf und kam jeden Tag mit dem Rad zum Schloss.

Ihre Arbeitszeit gestaltete sich flexibel – so wie sie gebraucht wurde. Sie liebte es, für die gräfliche Familie zu arbeiten. Und sie war Trixi nach dem schmerzhaften Tod der Mutter in vielem eine fast mütterliche Stütze gewesen. Graf Bernhard bemerkte schnell, dass seine Tochter durch die Anwesenheit von Frau Mader eine Art Muttersatz genoss, und wie gut ihr das tat. Wie selbstverständlich durfte Trixi in der Küche mitwerkeln, Kartoffelrösti backen, Kuchen rühren, Eier kochen, Sandwiches belegen. Oft sah die große Schlossküche aus wie ein Schlachtfeld, wenn Trixi dort gewütet hatte.

Einmal hatte er gegenüber Frau Mader angemerkt, dass sie seine Tochter durchaus der Küche verbannen könne, sollte es ihr zu viel werden. Er hatte Sorge, dass sie die Stelle kündigte, war sie doch daheim ebenfalls für einen Haushalt mit drei Kindern zuständig. Aber Perle Emmi war eher erschreckt und beeilte sich zu versichern, Trixi störe überhaupt nicht, im Gegenteil, irgendwie sei sie wie die Tochter, die sie nicht bekommen hatte.

So gestattete er, dass Trixi ab und zu mit zu den Maders ging oder die Mader-Jungs mit ins Schloss kamen.

Frau Mader verlor niemals ein Wort darüber, wenn sie der kleinen Gräfin irgendetwas kaufte, was ihr Herz begehrte. So fand sich des Öfteren das eine oder andere mädchenhaft roséfarbene Utensil bei Trixi, denn bei Maders daheim dominierten ja eher die männlich gedeckten Töne. Sie bemerkte auch nicht, dass der Graf das sehr wohl im Blick hatte.

Und als die Jahre fortschritten, sorgte Bernhard Graf von Schlomberg dafür, dass Emmi Maders Söhne nach dem Abitur ein sorgenfreies Studium antreten konnten.

Das Ehepaar Mader war seinerzeit sprachlos vor Glück gewesen, denn sie hatten sich lange den Kopf darüber zerbrochen, wie es wohl machbar wäre, jedem Sohn, selbst wenn diese nebenbei arbeiteten, gerecht eine fundierte Ausbildung mitzufinanzieren.

Eine Schattenseite hatte die Sache allerdings, ihre beiden ältesten Söhne lebten nach erfolgreichem Studium nun in den USA, einer in Wisconsin, der andere in Ohio. Nur der Jüngste, Tobias, hatte nach seinem Landschaftsarchitektur-Studium bei einem großen Konzern gearbeitet und war auf dem Wege in die Selbstständigkeit. Seine Bodenständigkeit sorgte dafür, dass er das neu zu gründende Unternehmen in der Nähe des elterlichen Hauses verwirklichen wollte.

Trixi kam mit Vater und Bruder in den Salon, wo Emmi gerade das Tablett mit dem Kaffeegeschirr abstellte. Trixi ließ sich von ihr tröstend in den Arm nehmen.

Die Haushälterin sagte es natürlich nicht offen, doch sie freute sich über die Scheidung. Dirk war zwar nie unhöflich oder böse zu ihr gewesen, aber er war ziemlich rechthaberisch und auch eingebildet. Dabei stellte sich die Frage *auf was*? *Er* hatte schließlich in eine gräfliche Familie eingeheiratet – und *die* zeigte keinerlei Standesdünkel!

Vor einiger Zeit war Graf Bernhard ungewöhnlicherweise völlig aus sich herausgegangen. Er hatte ihr gegenüber angedeutet, dass er es lieber gesehen hätte, wenn jeder seinen eigenen Familiennamen behalten hätte. Schade, in dieser Hinsicht konnte er sich bei seiner Tochter nicht durchsetzen. Nun nutzte der schamlose Betrüger den Namen der rechtschaffenen Schlombergs!

Trixi schnupperte. »Waffeln! Oh Emmi, du hast für uns gebacken!«

»Deine Trostwaffeln, mein Kind! Die brauchst du heute!«

Trixi schaute auf die Kuchenplatte. Dort lagen die Herzwaffeln ihrer Kindheit mit diesem herrlichen Duft nach Vanille. Daneben stand ein Glas mit heißen Kirschen – und tatsächlich auch die rosafarbene Sahne!

Sie drückte Emmi einen herzhaften Kuss auf die

Wange. »Wie unendlich lieb von dir!«

Diskret zog sich die Haushälterin dann zurück und war glücklich, dass sie der jungen traurigen Gräfin eine Freude bereiten konnte. Sie wusste, dass die rosafarbene Sahne gut ankommen würde.

Sie hatte damals die neunjährige Trixi trösten müssen, als sie im angrenzenden Wald über eine Wurzel gestolpert war und ihr das Holz das Knie schmerzhaft aufriss. Mühsam hatte sie ihr mit der Pinzette die kleinen spitzen Holzsplitter aus der Wunde geholt, während Trixi dicke Tränen weinte. Das brennende Jod tat ein Übriges.

So verfrachtete sie Trixi nach der Behandlung in die Küche und rührte schnell einen Waffelteig an. Allein der Duft sorgte dafür, dass die Tränen der kleinen zarten Gräfin, die gerne herumtobte wie ein Junge, versiegten und sie aufhörte zu weinen. Ihr kam dann der Gedankenblitz, die Sahne mit Lebensmittelfarbe einzufärben. Es war nur rot vorrätig.

»Weißt du, gerade war die Welt gemein zu dir und alles ist grau – wir machen das Leben jetzt wieder lecker und rosa!«

Trixi hatte das nie vergessen. Daher resultierte auch ihre Vorliebe für diese Farbe.

Obwohl sie keinen großen Hunger hatte, aß Trixi die Waffeln mit den Kirschen und der Sahne. Und mit jedem Bissen stieg ihre Laune.

So verkündete sie Vater und Bruder: »Ab heute fühle ich mich wieder rosé! Basta!«

Später zog sie sich in den Südflügel zurück und blieb auch dem Abendbrot fern. Sie wollte einfach allein sein.

♥ 4 ♥

Da Trixi nicht direkt nach der Scheidung arbeiten gehen wollte, hatte sie die komplette Woche Urlaub genommen. So saß sie nun mit ihrem Vater und Rick bei einem Arbeitsfrühstück zusammen.

Die Ausführungen ihres Vaters waren schockierend. Graf Bernhard legte seinen Kindern schonungslos die Situation dar.

»Es ist Zeit, moderner zu werden! Frische Ideen müssen her, wie wir die Kosten in Zukunft decken können.«

Bisher lebte das Schloss von der Apfelplantage. Ihr Vater beschäftigte sich mit der Zucht neuer Sorten genauso wie mit der Pflege von ganz alten Apfelsorten.

Die Flügel, in denen sie wohnten, waren zwar renoviert, aber das Mittelschloss wartete auf Verschönerungen der notwendigen, nicht aufschiebbaren Art. Die Heizungsanlage musste dringend erneuert werden, auch das Dach war streckenweise marode. Die unangenehme Hiobsbotschaft des Grafen war, dass es an einer Stelle bereits hineinregnete. Außerdem trat an einer Ecke, die ihnen der Vater zeigte, Feuchtigkeit in die Wand.

Bisher hatten Rick und Trixi gern die Augen vor der Wahrheit verschlossen – dieses Jahr überbrücken wir noch, war ihr Meisterspruch! Aber nun war es unmöglich, Renovierungen aufzuschieben, wenn man größere Schäden vermeiden wollte.

»All das will finanziert werden!«, erläuterte ihr Vater. »Eure Ideen, bitte!« Er lehnte sich in seinem Stuhl zurück, verschränkte die Arme und wartete.

Die Geschwister waren erst einmal sprach- und ratlos. Der Graf sah von einem zum anderen. Er hatte bewusst schockiert, denn sonst würden seine beiden Kinder wieder nur abblocken.

»Tja ...«, war der einzige Kommentar von Trixi.

So stand der Graf auf und holte einen Ordner. Er entnahm mehrere Seiten und schob sie den Geschwistern hin. »Meine Kostenschätzungen für das Dach, die Heizung und die Trockenlegung der feuchten Wand.«

Rick und Trixi hatten ihren ganz persönlichen Horror-Moment beim Blick auf die astronomischen Summen.

Dann aber erlöste er die Kinder mit Vorschlägen. »Die erste und schnellste Möglichkeit, etwas Geld in unsere Kassen zu spülen, wäre die Öffnung des Mittelschlosses für die Öffentlichkeit!«

»Nein!«, rief Rick betroffen.

»Mein lieber Herr Sohn! Wir müssen eine Veränderung in Angriff nehmen! Jetzt. Das Mittelschloss spiegelt die Barockzeit wieder. Wir nutzen es im Prinzip, sagen wir es mal grob und hässlich, als Durchgang zu den einzelnen Flügeln. Die Decken und Wandgemälde sind wunderbar erhalten, die Möbel bereits restauriert. Zudem könnten wir den Gewölbekeller öffentlich machen. Wir arbeiten eine Führung durch die Jahrhunderte aus und werden zusätzlich einiges aus der Familiengeschichte preisgeben. Danach können wir auf unsere Apfelplantage hinweisen. Die Geschichte des Apfels mit ihren unterschiedlichsten Sorten von der Blüte bis zum verarbeiteten Produkt trifft sicherlich auch das Interesse viele Menschen.«

Jetzt fing Trixi Feuer. »Und wenn die Besucher dann noch probieren dürfen ...«

»Kind, nun hast du mich verstanden!«

»Aber wer soll die Führungen machen?«, meinte Rick. »Ich kann es nicht, so oft, wie ich in der Weltgeschichte unterwegs bin.«

»Na, dann sollten wir jemanden dafür engagieren!«

»Ich habe da eine Idee, Papa! Ich komme gleich wieder.« Trixi lief in ihren Wohnbereich und kramte in der Post. Mensch, dachte sie, ich weiß genau, ich habe diesen Flyer gesehen ... wo hab ich ihn hingelegt ... hier ... nee, isser doch nicht ... ah da!

Sie zeigte den beiden Männern die Broschüre.

»Schaut mal, das ist eine Event-Agentur. Was für gehobene Anlässe. Die suchen nach Räumlichkeiten für Hochzeiten, Familien- und Firmenfeiern in exklusivem Rahmen. Das wäre eine echte Ausnutzung des Mittelschlosses. Unser schönes Ambiente, geflutet von glücklichen Menschen, die so eine geschichtsträchtige Atmosphäre genießen können!«

Der Graf nickte zustimmend.

Trixi freute sich. »Wunderbar! Also machen wir das?«

»Kümmer dich drum, Tochter!«

Sie erschrak. »Papa! Ich übernehme in Kürze die Abteilungsleitung, da bleibt mir kaum Zeit! Wir können gerne darüber reden, wenn du in Rente gehen möchtest, aber doch nicht eher!«

Der Graf bekam einen gereizten Ton. »Also verstehe ich das richtig? Keiner von euch möchte sich engagieren?«

»Ich mach schon!«, gab Trixi klein bei. »Aber nicht alles auf einmal. Ich denke, das meiste Geld verdienen wir, wenn wir Events ausrichten. Ich kümmer mich um diese Eventfuzzis!«

Gleich am Nachmittag erreichte sie die Chefin der Agentur, Veronika Meinel, die sich höchst erfreut über die Möglichkeit von Veranstaltungen in Schlossatmosphäre zeigte. Man verabredete sich direkt für den kommenden

Tag, um die Räumlichkeiten zu besichtigen und zu schauen, ob man geschäftlich zusammenkam.

Pünktlich um elf Uhr traf Frau Meinel ein. Sie bot das typische Bild einer Geschäftsfrau.

»Tussi!«, kommentierte Rick die blonde Dame mit der zur Banane gesteckten Frisur, die im mokkafarbenen Kostüm mit passendem Halstuch und in High Heels auf den Eingang des Schlosses zugestöckelt kam.

Trixi grinste. »Sei nicht so voreingenommen! Sie ist fleißig, sie trägt eine Arbeitsmappe unter dem Arm!«

»Hoffentlich sind da keine Konzepte drin für Selbstfindungskurse – Ikebana oder wie stricke ich meine Socken selbst!«, scherzte Rick.

»Mensch, Rick, gib ihr doch eine Chance!«

»Sie hat Präsenz!« Er ließ sie nicht aus den Augen, während er mit seiner Schwester sprach. Frau Meinel war eine große Frau mit stattlicher Figur, propper, sozusagen. »Kaum zu glauben, dass die dünnen Stilettos das Gewicht tragen und nicht unter ihr wegbrechen!«

Dann war Frau Meinel in Hörweite und die Geschwister boten das Bild gräflicher Vornehmheit.

Die Agenturchefin war begeistert von den Räumlichkeiten. Sie war ein Naturtalent, konnte Menschen für Ideen begeistern und riss selbst Rick mit. Nach kurzer Zeit war auch er überzeugt, dass ihr Schloss für Hochzeits- und Firmenfeiern ideal sei. Frau Meinel beherrschte den Small-Talk perfekt und wusste Rick schnell für sich einzunehmen.

»Wenn Sie Sportmediziner sind, Graf von Schlomberg, dann organisiere ich gerne Tagungen oder Workshops für Sie. Sie brauchen sich um gar nichts kümmern, rein gar nichts, meine komplette Arbeit läuft im Hintergrund ab.

Ich führe ein verantwortungsbewusstes Team, alle meine Mitarbeiter sind vertrauenswürdig und selbstverständlich sehr diskret.«

Das glaubte man ihr aufs Wort, denn sie hatte durchaus einen strengen Zug um den Mund.

Wie alt mochte sie sein, fragte sich Trixi. Vielleicht ein bisschen älter als sie und ihr Bruder? Es war schwer zu schätzen.

Später gingen sie in den Blauen Salon und tranken gemeinsam mit Graf Bernhard eine Tasse Kaffee. Man sah Frau Meinel an, dass sie sehr beeindruckt war.

»Ich bin ja so glücklich, dass Sie bei der Vergabe der Räumlichkeiten an meine Agentur gedacht haben.« Geziert knabberte sie an dem ihr angebotenen Gebäck. »Ich werde Sie diesbezüglich nicht enttäuschen!«

Dann begannen die Verhandlungen, aber man war sich schnell einig. Von den Schlombergs wurden nur die Räumlichkeiten zur Verfügung gestellt. Die Event-Agentur Meinel würde komplett verantwortlich für die Vermietung zeichnen, was bedeutete, den Terminkalender führen, passende Events aussuchen, das Catering übernehmen, Personal für die Bewirtungen stellen, für die Reinigung sorgen. Frau Meinel würde sich zudem um die rechtlichen Voraussetzungen kümmern, eine Vorauswahl für Tische und die Bankettbestuhlung treffen, sie dann mit Trixi endgültig auswählen und noch vieles mehr.

Ansprechpartner für alles sei Beatrix Gräfin von Schlomberg – so drückte der Graf seiner Tochter ohne zu zögern diese Aufgabe aufs Auge!

Trixi wollte ihren Vater mit einem Nein nicht vor Frau Meinel brüskieren, aber sie warf ihm einen bösen Blick zu. Na warte, dachte sie, das hast du dir so gedacht!

Eine Stunde später verließ eine glückliche Agentur-Chefin das Schloss. Bevor sie in ihr Auto einstieg, winkte sie Trixi und Rick, die auf der Schlosstreppe standen, noch einmal galant zu.

»Was hat die für eine Betonfrisur!«, lästerte Rick. »Da hat sich ja nichts bewegt, nicht mal ein einziges Härchen!«

»Ich finde, die Banane steht ihr gut, aber die ist zugegebenermaßen sicherlich mit Tonnen von Haarspray fixiert.«

»Quatsch, das ist in Wirklichkeit ein Helm!«

»Was hat sie dir eigentlich getan?«

»Nichts, ich finde sie amüsant. Hast du gesehen, je weiter die Besprechung fortschritt, umso rosigere Bäckchen hat sie bekommen!«

»Wangen sind das, Bruderherz, Wangen. Die Bäckchen sind auf der anderen Seite, weiter unten.«

»Na, da habe ich nicht so genau hingeschaut, ich weiß also nicht, ob die Dame eine Gesäßstraffung benötigt oder einen Knackpo hat.«

»Jetzt hörst du aber auf!« Trotzdem kicherte Trixi.

»Sag mal«, wechselte Rick das Thema, »begleitest du mich Freitagabend ins *Magic Cocktails*? Es gibt Livemusik.«

»Ich habe keine Lust!«

»Du musst unter Leute!«

»Ich will niemand sehen!«

»Dann muss ich meinen Gewinn unserer Rallye in die Waagschale werfen. Ich wünsche mir, dass du mitkommst!«

Trixi maulte, aber sie hielt sich an die Abmachung.

♥ 5 ♥

Das *Magic Cocktails* war brechend voll. Hier traf sich alles aus der Umgebung, was Rang und Namen hatte. Die Abende mit Livemusik waren besonders schön, weil sie eine gewisse Klub-Atmosphäre verströmten.

Jetzt war Trixi doch froh, mitgegangen zu sein. Die Türen der Bar zum Steg hin waren geöffnet und das Wasser des Sees glitzerte in der Abendsonne. Um die Stehtische draußen hatten sich junge Leute gruppiert, ein buntes, lustiges Volk.

Die Musik streichelte Trixis Seele und sie stand in anregendem Gespräch mit Bekannten. Dankbar nahm sie zur Kenntnis, dass sie von niemandem auf ihre Scheidung angesprochen wurde, obwohl es viele wussten.

Plötzlich fühlte sie sich beobachtet. Sie sah, dass ein Mann von der anderen Seite der Bar zu ihr schaute. Er lächelte herüber. Hm, sieht gut aus, dachte sie, aber vielleicht lag das auch daran, dass er vom Aussehen und der Körpersprache genau das Gegenteil von Dirk war. Irgendwie jedoch kam er ihr bekannt vor ...

Lars Ranstedt saß nicht zufällig im *Magic Cocktails*.

Er war der jungen Frau, die er gerade beobachtete, zu Beginn der Woche auf dem Gerichtsflur begegnet. Er mochte kleine, zierliche, dunkelhaarige Frauen. Temperament schätzte er ebenfalls – und das hatte sie unverkennbar!

Als Allererstes waren ihm ihre vor Ärger blitzenden, dunklen Kulleraugen aufgefallen. Ihm war sofort der Gedanke an die Rehaugen von Audrey Hepburn in den Sinn gekommen. Sie war beim Friseur gewesen, denn das kinnlange Haar war einer modernen Kurzhaarfrisur gewichen, und die ließ ihre wunderschönen Augen noch größer erscheinen.

Als sie schnellen Schrittes den Gerichtsflur hinunter gelaufen war, hatte er ihr hinterher geschaut. Er musste unbedingt wissen: Wer ist diese kleine Lady im roten Hosenanzug?

Wenn man von Liebe auf den ersten Blick sprechen konnte, war es das gewesen. Es hatte geknallt bei ihm.

Nach seiner eigenen Gerichtsverhandlung, die länger gedauert hatte als angesetzt, weil die Zeugen sich gegenseitig am liebsten an die Wäsche gehen wollten, und er als Richter mehrfach den Saal beruhigen musste, holte er Informationen ein.

Es war ihre Scheidung gewesen. Beatrix Gräfin von Schlomberg war übel mitgespielt worden, erfuhr er von seinem Richterkollegen. Der bedauerte, dem geldgierigen Gatten der Gräfin das ganz offensichtlich ergaunerte Geld nicht wieder abnehmen zu können, doch die Rechtslage gab leider nichts anderes her. Lars warf einen Blick in die Akten. Uh, böses Spiel!

Den Abend verbrachte er damit, im Internet alles über die Familie von Schlomberg nachzulesen, was er finden konnte. Es war beeindruckend, denn die Familiengeschichte ging viele Jahrhunderte zurück. Dem Schloss, in dem sie mit Bruder und Vater lebte, war eine Apfelplantage angegliedert. Noch nie hatte er sich darüber Gedanken gemacht, wenn er im Restaurant einen Apfelsaft trank, dessen Flasche ein Etikett mit dem Aufdruck eines Schlosses trug.

Das Internet gab auch preis, wo die Gräfin und ihr Bruder abends feierten, mehrere Fotos belegten das.

Warum war ausgerechnet sie adelig, das machte das

Kennenlernen kompliziert. Eine völlig normale Frau wäre ihm deutlich lieber gewesen. Er hatte nicht nur keinen blassen Schimmer, was Adel betraf, sondern fand diesen ganzen Aristokratie-Kram auch überflüssig und lästig.

Nun, dachte er, fass die Gelegenheit beim Schopfe, denn in diesem Moment beendete sie ihr Gespräch, drehte sich zur Bar und bestellte noch einen Cocktail.

Er wechselte zu ihrer Seite und sprach sie an.

Was war sie schön! Diese Augen!

Und dieses absolut bezaubernde Lächeln! In den Genuss kam er, weil er sich schlichtweg nur mit Namen vorstellte, und sie keinen blöden Anmachspruch erhielt.

»Ich bin Trixi«, antwortete sie ohne weiteren Hinweis auf ihre Herkunft.

Sie unterhielten sich blendend. So verging eine Stunde wie im Flug. Zweimal war Rick dazugekommen, aber auch schnell wieder gegangen.

Dann schlug Lars ihr vor, nach draußen zu gehen, da soeben ein Stehtisch frei wurde. Gern nahm Trixi das Angebot an.

»Wie wohltuend«, meinte sie mit einem Seufzer, als sie am Seesteg in der erfrischenden Nachtluft standen, »hier brauchen wir wenigstens nicht so brüllen!«

Vom anderen Ufer blinkten die Lichtpunkte einzelner Häuser herüber, der Himmel war sternenklar. Sie hörten das leise Plätschern des Wassers, das an den Steg schlug.

Lars sorgte für Cocktailnachschub und kam zur Freude von Trixi auch noch mit einer erbeuteten Schale gemischter Nüsse wieder, die er mitsamt den beiden Cocktailgläsern in der Hand vorsichtig an den Tisch balancierte.

Später sprachen sie über Berufe. Trixi erzählte von ihrem Studium, und dass sie nun als Ernährungswissenschaftlerin arbeite.

Dann aber schlug die Stimmung um. Lars berichtete ahnungslos, er sei Jurist und bei Gericht tätig.

Schlagartig wurde Trixi klar, woher sie ihn kannte.

»Du bist Rechtsanwalt?«, fragte sie.

»Richter. Ich sorge für Recht und Ordnung!«, grinste er.

Aber das Grinsen verging ihm gleich, denn Trixis Blick verhärtete sich.

»Soso – seit wann sorgen Richter für Gerechtigkeit? Die Opfer sind doch diejenigen, die auch noch lückenlos beweisen müssen, was man ihnen angetan hat. Und dann hat der Täter eine schlimme Kindheit gehabt oder psychische Probleme, für die er nix kann! Der arme, arme Täter! Man muss Verständnis haben und ihm helfen! Letztendlich gilt die Prämisse, dem fehlgeleiteten Straffälligen eine Chance zu geben. Das Opfer trägt schließlich die eigentliche Schuld! Warum hat es sich auch so dämlich als Beute präsentiert? Eigene Blödheit!«

Lars war wie erstarrt. So tief hatte sie das Urteil im Scheidungsprozess getroffen? Hätte er besser erst einmal nichts gesagt!

»Das darf man aber nicht auf diese Art betrachten, weil es ...«

»Ich schon!«, unterbrach sie ihn scharf und warf einen schnellen Blick auf ihre Armbanduhr. »Oh, spät! So lange wollte ich sowieso nicht bleiben. Ich bin dann mal weg! War nett, die Unterhaltung. Tschüss!«

»Hey, warte doch mal! Krieg ich deine Handynummer?«

Darauf reagierte sie gar nicht, sondern sagte einfach nur, bereits beim Weggehen: »Vielleicht treffen wir uns ja mal wieder hier!«

Und schon war sie im Getümmel verschwunden. Vorher meinte er noch das Wort Gerichtsfuzzi gehört zu haben.

Lars blieb wie ein begossener Pudel zurück. Dumm gelaufen! Eine ganze Weile stand er allein an dem Tisch, schaute in das dunkle Wasser und fragte sich, was um Himmels willen er verkehrt gemacht hatte. Es hatte doch so gut begonnen!

Plötzlich kam Trixis Bruder zu ihm. Er schob ihm ein Bier rüber. »Hier! Ich bin übrigens Rick.«

»Lars. Und danke fürs Bier!«

»Meine Schwester stand doch gerade noch bei dir. Ist sie weg?«

»Ja. Ich bin mir nicht bewusst, womit ich sie verletzt haben könnte.« Und er berichtete von dem Stimmungsumschwung beim Thema Beruf.

»Aber ich weiß es!«, meinte Rick und klärte Lars über die Spontan-Allergie Trixis in Bezug auf Richter und deren Entscheidungen auf. Daraus entwickelte sich ein längeres Gespräch und die beiden stellten gegenseitige Sympathie fest.

Die kommenden Wochenend-Abende verbrachte Lars stets im *Magic Cocktails*. Leider wartete er vergeblich auf Trixi.

Dafür traf er mehrfach auf Rick. Die beiden Männer fanden immer Gesprächsthemen.

Für Trixi gab es die nächsten Wochen kaum Luft zum Durchatmen.

Nicht nur, dass sie aufgrund der Übernahme der Abteilung und der Verantwortung für zwanzig Mitarbeiter genügend um die Ohren hatte, im heimischen Schloss fanden notwendige kleinere Umbauarbeiten statt.

Sie stand in engem Kontakt mit Frau Meinel. Die hatte

bereits zwei Events für die Zeit nach den Arbeiten an Land gezogen, eine Hochzeit und eine Firmenfeier.

Trixi war beeindruckt von der effizienten Arbeitsweise der Agentur. Es gab Dinge, an die hätte sie nicht im Traum gedacht, die aber doch erheblich zum Gelingen einer Feierlichkeit beitrugen.

Ja, dachte Trixi, bei Veronika Meinel sind wir in guten Händen. Mittlerweile schätzte sie Frau Meinel auch privat sehr und sie hatten sich ein wenig angefreundet.

Gleichzeitig bewunderte sie ihren Vater. Er war tatsächlich moderner eingestellt als sie – und hatte wieder einmal den richtigen Riecher gehabt. Er war eben ein echter Unternehmer, davon musste sie sich in den kommenden Jahren noch einiges abschauen ...

Sie sprach mit ihrem Vater über die Veränderungen.

»Siehst du, Mädchen«, lächelte er, »neue Wege können schön sein. Jetzt müssen sie nur noch erfolgreich werden.«

»Ich bin auch ganz gespannt! Schauen wir, wie sich das mit dieser Agentur entwickelt. Dann können wir ebenfalls mit einer neuen Vermarktungs-Strategie für die Äpfel beginnen. Und wir organisieren Führungen, wie du vorgeschlagen hast, Papa!«

»Freuen wir uns auf einen lebhaften Sommer mit vielen Gästen!« Liebevoll legte der Graf den Arm um die Schulter seiner Tochter.

Doch es wurde keine lebendige, schöne Sommerzeit ... und es war gut, dass die Schlombergs davon nichts ahnten.

♥ 6 ♥

Die Genehmigungen waren eingeholt, die Arbeiten beendet. Trixi saß mit Veronika zufrieden auf ihrer Terrasse. Mittlerweile duzten sich die beiden vom Aussehen her so unterschiedlichen Frauen.

»Dies ist ein herrliches Fleckchen Erde! Du Glückliche!«, seufzte Veronika, und warf einen bewundernden Blick in den Rosengarten von Trixi. »Diese Rosen sind wundervoll!«

»Oh ja! Du siehst, es sind alte Rosenstöcke, mittlerweile ziemlich wild gewachsen. Allerdings bräuchten sie mehr Pflege und Zuwendung, die ich ihnen momentan kaum geben kann. Ich will meinen Garten nämlich größtenteils alleine versorgen. Und zu allem Überfluss wird unser Gärtner Ende des Jahres in den Ruhestand gehen. Es wird nicht einfach werden, ihn zu ersetzen.« Sie machte eine kurze Gedankenpause. »Aber erst einmal brauchen wir etwas Schatten, ich hole eben den großen Sonnenschirm!«

Kurz danach war er aufgestellt und sie bat Veronika: »Bleib doch auf einen kleinen Mittagssnack hier. Emmi hat einen leichten Salat vorbereitet, als Dessert gibt es allerdings eine leckere Kalorienbombe!«

Veronika ließ sich nicht lange bitten. »Zu gerne! Ich habe sowieso erst am Nachmittag weitere Termine.«

Wie immer trug Veronika Meinel ein elegantes Kostüm. Trixi kannte sie gar nicht anders.

»Mensch, zieh einfach die hohen Hacken aus und die Kostümjacke! Du musst dich doch totschwitzen.«

»Schon, aber ich bin schließlich geschäftlich hier. Und ich möchte nicht beim Grafen von Schlomberg den

Eindruck erwecken, ich kenne keine Etikette ...«

»Mein Vater denkt höchstens, warum du dich in den engen langärmeligen Klamotten an einem warmen Tag so kasteist.«

»Er ist wirklich eine besondere Persönlichkeit, eine echte Respektsperson.«

Stimmt, dachte Trixi glücklich. Das grau-melierte Haar, die stattliche Figur, dieser kraftvolle Schritt, seine behände Art sich zu bewegen, all das zeugte von einem weltgewandten Menschen mit Individualität und Autorität. In diesem Moment quoll ihr Herz vor Liebe zu ihrem Vater über.

»Komm«, kicherte Trixi, »sei absolut liederlich! Schmeiß Jacke und Schuhe von dir! Och nee, Strümpfe trägst du auch noch! Weg mit der quälenden Strumpfhose! Wir sind doch hier allein!«

Veronika entledigte sich der warmen Kleidung. Emmi brachte einen grünen Salat, krosses Baguette und eine Schüssel mit Kräuter-Garnelen.

»Hach!«, seufzte Veronika auf. »Das sieht köstlich aus und duftet wundervoll!«

Während des Essens sprachen sie noch über Details zu der Hochzeit, die am kommenden Samstag als erstes Event im Schloss stattfinden würde. Da der Wetterbericht trockenes, sonniges Wetter verkündete, konnte man die große Schloss-Terrasse ebenfalls nutzen.

»Es muss perfekt sein, es *wird* perfekt sein!«, schwärmte Veronika. »Wir haben es mit der Familie eines reichen Unternehmers zu tun. Und wenn es den Gästen gefällt, zieht es sicherlich Aufträge nach sich.«

Trixi hielt ihr nochmals die Schale mit den Garnelen hin. »Hier, die müssen weg!«

»Sie sind wirklich köstlich! Aber ich darf einfach nicht

mehr so viel essen!«

»Die haben reichlich Eiweiß und wenig Kalorien!«, belehrte Trixi. »Lediglich das Kräuteröl drum herum ...«

»Siehste, wusste ich es doch, dass an den leckeren Teilchen ein Haken ist! Außerdem hast du gut reden, du bist schlank! Ich muss auf jede Kalorie achten. Ich zählte zwar noch nie zu den Dünnsten, hatte schon immer Rundungen, aber augenblicklich habe ich Schlachtgewicht! Schau mal auf meine prallen Waden!«

Trixi lachte auf. »Die prallen Waden wiegen nicht so viel, eher der Rest!«

Veronika betrachtete Trixi. Sie trug ein weißes Seidentop, dazu einen Krempelshorts in Blau und die obligatorischen Ballerinas. Eines ihrer schönen Beine hatte sicherlich nicht mehr Umfang als ihr Oberarm.

»Du hast es gut«, meinte Veronika, »du hast keinerlei Figurprobleme.«

Emmi kredenzte als Dessert einen Aprikosenkuchen. »Oh nein!«, quietschte Veronika. »Man führt mich in Versuchung!«

»Da können Sie durchaus zugreifen, Frau Meinel!«, beruhigte Emmi Mader den Gast. »Ich habe den Kuchen mit Stevia gebacken.«

»Oh, na dann!« Beherzt griff Veronika zu. »Davon könnte ich somit theoretisch mehrere Stücke kosten!«

»Würde ich nicht unbedingt«, warf Trixi ein, »gibt Durchfall!«

Entsetzt hielt Veronika auf halbem Wege mit der Gabel zum Mund inne.

Trixi platzte los, Frau Mader verbiss sich das Lachen und Veronika konterte nach der ersten Schrecksekunde: »Ach was, ich teste einfach aus, ab welcher Menge das passiert!«

Die Hochzeit wurde ein echter Erfolg. Da Rick im Aufbruch zu einem Workshop war, begrüßten Graf Bernhard und seine Tochter die Hochzeitsgesellschaft herzlich.
Veronika sorgte wie ein guter Geist für einen reibungslosen Ablauf. Wie immer trug sie ein Kostüm, diesmal in einem zarten Fliederton. Dazu hatte sie ein passendes Hütchen gewählt, dessen Federn keck wehten, wenn sie sich bewegte.

Auf dem Weg zum Auto sah Rick Veronika in einiger Entfernung agieren. Er drehte sich zu seiner Schwester und meinte: »Unsere Vroni trägt heute Hut! Das ist ja vielleicht ein Gebilde!«

»Wieso denn? Es ist schlichtweg ein Hut!«

»Ich meine das Gebamsel um das Hütchen!«

»Mensch Rick, das ist kein Gebamsel, das sind zarte Federchen.«

»Das Teil sieht eher aus wie eine Insektenfalle!«

»Hau schon ab zu deinem Workshop«, gluckste Trixi, »und pass lieber auf, dass *du* nicht in eine Radarfalle gerätst!«

Der zweite Termin stand an. Nur hatte sich Trixi kaum gekümmert, sondern alles Veronika überlassen, da sie im Labor bis über die Ohren zu tun hatte und nebenbei die Apfelernte anstand.

Sie hatte mit ihrem Vater gemeinsam wieder Erntehelfer eingestellt. Viele davon kannte sie aus den Vorjahren und wusste, dass sie gewissenhaft arbeiteten. Das war wichtig, denn die Äpfel wurden mit Stiel geerntet für die Lagerung, ansonsten gab es eine gute Einstiegsstelle für Krankheiten, die auch auf die anderen Äpfel übergreifen konnte. Nur unbeschädigte Ware durfte in die

Kisten, um Fäulnisprozesse zu vermeiden. Die Früchte durften keinesfalls geworfen, sondern mussten sorgsam in die Erntekisten gelegt werden, damit Druckstellen vermieden wurden.

Der Graf war in jeder Hinsicht äußerst pingelig, schließlich klebte sein Emblem auf den Äpfeln! Das Gros der Ernte waren die bekannten Apfelsorten aus den Spalieren, aber er war auch einer der Wenigen, die noch alte Sorten heranzogen und lieferten. Das wussten viele Kenner zu schätzen, denn die alten Sorten waren oft verträglicher als die Neuzüchtungen. So fanden sich anspruchsvolle Kunden für den Dithmarscher Paradiesapfel, verschiedene Renettenarten und den Holsteiner Cox.

Der spezielle Liebling von Graf Bernhard war der Berlepsch. Er mochte ihn, weil er so besonders aromatisch ist und einen hohen Gehalt an Vitamin C aufweist. Außerdem musste er diesen Apfel nicht spritzen, weil er von Natur aus stark resistent gegen Schädlinge ist – im Prinzip ein natürlicher Bio-Apfel ohne großen Aufwand.

So kam der zweite Termin nahezu unbemerkt für Trixi heran. Erst wenige Tage vorher wurde sie durch Veronika daran erinnert.

»Wer von euch wird die Gäste begrüßen?«

»Rick und ich. Papa fühlt sich heute nicht so besonders. Es scheint eine Erkältung im Anmarsch zu sein. In Kürze beginnt die Ernte, da will er natürlich topfit sein! Wer sind die Gäste? Eine Firma sagtest du.«

»Mehr oder weniger. Es ist der Gerichtspräsident mit einigen verdienten Mitarbeitern.«

Trixi rutschte sofort das Herz in die Hose. Der erste

Gedanke war: Lars! Was, wenn er ebenfalls dabei wäre? Sie hatte des Öfteren an ihn gedacht, war auch versucht gewesen, ins *Magic Cocktails* zu gehen, hatte sich dennoch dagegen entschieden. Sie wusste, dass es im Grunde genommen albern war, er konnte nichts dafür, aber das Grundgefühl bei der Bezeichnung Richter war einfach schlecht.

Und überhaupt, vielleicht gehörte er gar nicht zum engeren Kreis des Gerichtspräsidenten.

Nichtsdestotrotz beeinflusste das Wissen um die juristischen Gäste ihre Bekleidungswahl. Sie fand sich überlegend vor dem Kleiderschrank wieder. Worin würde sie am besten wirken? Gleichzeitig ärgerte sie sich darüber, dass sie chic aussehen wollte – für Lars? Letztendlich entschied sie sich für einen fließenden schwarzen Maxi-Hosenrock in Kombination mit einer türkisfarbenen, perlenbesetzten Seidenbluse. Auch dem Make-up widmete sie besondere Sorgfalt.

Die Gäste trafen ein, aber Lars war nicht dabei. Trixi ertappte sich, wie sie die Reihen absuchte.

»Ist was, Schwester?«, neckte Rick.

»Was soll sein?« Trixi gab sich betont ahnungslos.

»Ich dachte nur, weil du so hypernervös bist!«

»Ich? Wie kommst du denn da drauf?«

»Du hast soeben unser Gästebuch verkehrt herum hingelegt!«

»Oh Schock!« Sie wollte zum Empfang rennen, um das Missgeschick auszubügeln, als Rick sie am Arm festhielt. »Ich hab das schon korrigiert!«

»Danke!«

Sie sah, wie ein neuer Gast von den bereits Anwesenden herzlich begrüßt wurde. Es war Lars! Sie konnte ihre Augen nicht von ihm wenden. Verdammt, er sah fantastisch aus! Er trug einen dunkelgrauen Anzug, weißes Hemd und eine türkisfarbene Krawatte! Nein! Nebeneinander wäre das ja nahezu Partnerlook-mäßig!

Ihr Bruder registrierte die Blicke seiner Schwester sofort. Er mochte Lars und hatte sich mit ihm angefreundet, da sie mehrfach im *Magic Cocktails* aufeinander getroffen waren, wo Lars vergeblich auf Trixi gewartet hatte.

Dann gab ihnen der Gerichtspräsident ein Zeichen, dass alle anwesend waren und die Geschwister begrüßten die Gäste auf ihrem Schloss. Ganz spontan und mit witzigen Worten warf Trixi ein paar Informationen zur Geschichte und zur Apfelernte mit ein. Sie wuchs förmlich über sich hinaus. Belohnt wurde sie mit anerkennenden Blicken, und die von Lars waren ihr die wichtigsten!

Kurze Zeit später wurden sie gebeten, für ein Foto zur Verfügung zu stehen, denn ein Reporter der hiesigen Zeitung war anwesend. Das taten die Geschwister zu gerne, war es schließlich kostenlose Werbung für ihr Schloss!

Mit Lars wechselte sie nur ein paar Worte. War sie ehrlich zu sich selbst, hatte sie gehofft, dass er nochmals nach ihrer Handynummer fragen würde. Er tat es jedoch nicht.

Am folgenden Tag saß Trixi morgens in der Schlossküche und trank Kaffee, den Emmi ihr liebevoll servierte.

Sie klappte die Zeitung auf. Die Schlagzeile lautete:

Gerichtspräsident überträgt aufgrund Auslandsaufenthalts Geschäftsbefugnisse auf jungen Richter

Darunter prangte ein wirklich gelungenes Foto. In der Mitte stand der Gerichtspräsident, rechts neben ihm Lars und Trixi, links Rick und Veronika.

Durch die türkisfarbene Krawatte von Lars und ihre gleichfarbige Bluse wirkten sie wie ein glückliches Paar.

Sie überflog den Text, bis sie zu der für sie interessanten Stelle kam.

... überträgt Gerichtspräsident Wolfgang Reith die Befugnisse an den jungen, beliebten Richter Dr. Lars Ranstedt. Der Jurist, der erst seit knapp zwei Jahren am ...

Weiter kam sie nicht, denn Rick erschien. Er warf einen Blick über die Schulter seiner Schwester. »Hey, das ist ja ein gelungenes Foto!«

»Na ja, es geht – ist ganz hübsch!«, bemühte sich Trixi um Gleichgültigkeit und reichte ihrem Bruder die Zeitung. »Hier!«

»Hast du denn den Artikel schon gelesen?«

»Nö, ist aber auch nicht so wichtig.«

»Ah so, na dann ...«

Ausgiebig und ungewöhnlich lange widmete sich Rick der Zeitung. Wollte er heute Morgen gar nicht los, fragte Trixi sich und schaute auf die Uhr, denn ihre Zeit wurde knapp. Da stand ihr Bruder auf.

»Bin nun weg. Möchtest du noch lesen?«

Öh ... nö ... ich fahr jetzt auch.«

»Gut.« Er trank, schon im Stehen, seine Tasse aus, verabschiedete sich und wollte aus der Küche laufen. Die Zeitung hatte er unter den Arm geklemmt.

»Lass die doch hier!«, meinte Trixi, ihrer Ansicht nach unbeteiligt.

»Ach was, ich bringe sie gleich in den Papiermüll, dann

braucht Emmi das nicht machen.« Innerlich amüsierte er sich köstlich, als er die Tür zuzog.

Er brachte die Zeitung weg, fuhr aber nicht direkt los, sondern wartete in sicherem Abstand.

Und tatsächlich, keine fünf Minuten später schlich seine Schwester heran, sich nach allen Seiten umblickend. Sie ging zur großen Edelstahl-Papiertonne. Rick hatte die Zeitung gemeinerweise bis nach hinten geworfen. So stand die kleine Trixi nun auf Zehenspitzen, den Oberkörper in der Tonne versenkt, und versuchte, das Papier am Zipfel zu erwischen. Durch das Rascheln im Container bekam sie nicht mit, dass ihr Bruder sein Smartphone gezückt hatte, um ein Foto und einen Kurzfilm von ihr zu machen.

Zweimal sprang sie leicht hoch, stöhnte, aber dann hatte sie das Objekt ihrer Begierde geangelt. Vor der Tonne riss sie eine Seite heraus, warf den Rest wieder hinein und lief schnell ins Haus zurück.

Soso, dachte Rick amüsiert.

Abends dann ging er in die Vollen.

»Ich habe Dr. Lars Ranstedt für Samstag zum Abendessen eingeladen.«

Sofort klopfte Trixis Herz wild, aber sie knurrte: »Und warum?«

»Ich finde ihn sehr nett und wir konnten uns gestern Abend kaum unterhalten. Er hat Interesse an der Apfelplantage gezeigt und ich würde ihn gerne herumführen.«

»Aha.« Trixi wuselte ihren Pony zurecht. Das tat sie immer, wenn sie nervös wurde.

»Leiste uns doch beim Essen Gesellschaft. Emmi wird uns ein Abendbrot zubereiten, vorher zeigen wir ihm hier alles.«

»Ich weiß nicht, ob ich Zeit habe!«

Da zog Rick sein Smartphone aus der Tasche und hielt es ihr ohne Worte hin. Trixi starrte auf das Foto und wechselte die Farbe. Von ihr war nur der Hintern zu sehen, der Rest war in der großen Edelstahl-Tonne verschwunden. Dann ließ Rick den Kurzfilm laufen und man sah, wie sie lächelnd mit dem Ausschnitt der Zeitung wieder im Haus verschwand. Leugnen war zwecklos.

»Boah, was bist du gemein!« Knallrot geworden, schlug Trixi auf ihren Bruder ein.

♥ 7 ♥

Samstagmorgen stand Trixi mit ihrem Vater zwischen den Apfelspalieren. Der Graf prüfte ein letztes Mal die Reife seiner Früchte. Er drehte vorsichtig zwei Äpfel ab und reichte einen seiner Tochter.

»Nächste Woche beginnen wir mit der Ernte. Wenn du die Helfer entsprechend informieren würdest?«

»Mach ich. Ich wollte noch einmal mit dir über die Birnen sprechen, Papa!«

»Die verbrauchen wir wie immer für uns und geben Emmi welche mit.«

»Es sind zu viele, Papa! Sonst essen wir wieder nur Birnen! Birnen natur, Birnenkompott, Birnenkuchen, Birnen mit Roquefort, Birne Helene, Birnengelee, Birnensalat ..., da sollten wir uns ebenfalls dringend eine Vermarktungs-Strategie überlegen.«

Ihr Vater lachte auf. »Das ist eine gute Idee, Kind. Wir können in den ruhigen Wintermonaten darüber brüten. Oder wir lassen ein Marketing-Konzept durch die Agentur ausarbeiten. Frau Meinel ist meiner Meinung nach eine pfiffige, sehr gebildete Frau. Ich traue ihr das zu.« Er holte tief Luft.

Trixi war besorgt. »Ist dir nicht gut, Papa?«

»Doch doch, ich bin nur heute extrem müde und ... ach, ich weiß auch nicht ... innerlich so hibbelig. Komm, lass uns bei Emmi einen Kaffee trinken, das wird mich wieder aufbauen. Wir schauen morgen noch einmal nach dem Rechten.«

Je mehr es auf den Spätnachmittag zuging, umso nervöser wurde Trixi. Lars wäre heute zu Gast im Schloss!

Zuerst wollten die Drei gemeinsam zur Plantage, dann in die Obstgärten und später in Ricks Westflügel zu Abend essen.

Aber Trixi hatte ihren Bruder gewarnt.

»Ein einziges Wort von dir bezüglich deines dreisten Fotos beziehungsweise der Filmerei, und ich zwinge dich, eine große Portion Fingerhut zu futtern, der in meinem Gärtchen wächst.«

Gegen fünf Uhr traf der junge Richter ein. Trixi beobachtete ihn durch ein Fenster im Obergeschoss, als er aus seinem Auto stieg, diesmal in Jeans, T-Shirt und Lederjacke. Was für ein Schuss!

Rick begrüßte seinen Gast mit einem Aperitif auf der Terrasse, während Trixi die Blumen versorgte, die er für sie mitgebracht hatte. Danach gesellte sie sich zu den beiden. Ihre Laune war bestens.

Rick hoffte, dass er auf diesem Wege seine Schwester und Lars Ranstedt ein wenig näher zusammenbringen könne. Trixis Herz hüpfte beim Anblick von Lars und die dazugehörige Aussicht auf einen schönen Abend. Und Lars schätzte sich glücklich, endlich einmal persönliche Worte ohne fremde Menschen drumherum mit den Geschwistern wechseln zu können. Natürlich dachte er dabei mehr an Trixi.

Eine halbe Stunde später machten sie sich auf den Weg zur Apfelplantage. Bei strahlendem Sonnenschein wanderten sie langsam durch die Apfelspaliere. Hier kam Trixi voll zum Zug, denn sie erklärte Lars den Apfel von der Blüte bis zu dessen Verarbeitung.

Danach traten sie den Rückweg an und gingen in den Privatgarten Richtung der gemischten Obstwiese mit den alten Birn-, Kirsch- und Pflaumenbäumen. In der Ferne lag etwas Weißes. Nanu, dachte Trixi, etwa eine große Plastiktüte?

»Was ist das?«, fragte sie ihren Bruder, lief aber schon schnellen Schrittes auf den hellen Fleck zu.

Je näher sie kam, umso unwohler wurde ihr, bis sie klar erkannte, dass dort ein Mensch lag. Jetzt rannte sie. Ihre schlimmsten Befürchtungen wurden wahr – es war ihr Vater! Er lag mit dem Gesicht zur Erde.

»Papaaa!«, schrie sie in panischem Entsetzen. »Papaaa!« Sie warf sich auf die Knie und drehte ihren Vater um, nahm sein Gesicht in ihre Hände. Er stöhnte auf, er lebte!

Schon waren Rick und Lars heran. Während sich Rick ebenfalls neben den Grafen kniete, zog Lars sein Smartphone aus der Jeans und wählte den Rettungsdienst an, schilderte die Situation.

»Sie sind unterwegs!«, sagte er. »Trixi, lauf vor und erwarte den Rettungswagen vor der Tür, wir müssen deinen Vater nach vorne bringen. Hier auf die Obstwiese kann der Wagen ja nicht fahren und es dürfen keine kostbaren Minuten verloren gehen!«

Instinktiv wusste sie, dass er recht hatte und sie rannte los. Einmal sah sie sich um. Lars und ihr Bruder trugen Graf Bernhard vorsichtig Richtung Schloss.

Tränen schossen in ihre Augen. Sie riss die Schlosstür auf und hörte bereits das Martinshorn, das sein Näherkommen durch zunehmende Lautstärke signalisierte. Schon sah sie den Rettungswagen in der langen Allee heranrasen.

Dann lief alles wie in einem Film ab.

Notarzt und Rettungsassistent gingen schnellen Schrittes in den Schlosseingang. Rick und Lars legten soeben den Grafen vorsichtig auf die Couch im Empfangszimmer. Trixi wurde übel, als sie ihren sonst so agilen Vater dort hilflos liegen sah.

Wie durch Watte hörte sie die Diagnose des Notarztes: Schlaganfall.

Einer konnte mitfahren, die anderen mussten nachkommen. So stieg Rick in den Rettungswagen zum Grafen, während Lars mit der weinenden Trixi ins Haus zurückging.

»Ich hol nur schnell meine Tasche!«, schluchzte sie.

Dann waren sie ebenfalls auf dem Weg ins Krankenhaus. Trixi sprach kein einziges Wort. Der Schock saß zu tief. Noch immer glaubte sie, sie würde gleich aus ihrem schlimmsten Albtraum aufwachen – aber die Realität war viel grausamer. Die Tränen tropften ihr die Wangen hinab auf die pinkfarbene Sommerbluse.

Lars saß ebenfalls ein dicker Kloß im Hals. Was konnte er Tröstliches sagen? Nichts. Er kannte von der Familie nur Rick näher. Jedes Wort wäre daher falsch gewesen.

So legte er nur seine rechte Hand ganz leicht auf ihr Knie. Trixi verstand diese Art Trost genau richtig. Ihre kleine Hand glitt auf seine. »Danke!«

Das Krankenhaus war erreicht, ein Parkplatz in der Nähe der Notaufnahme gefunden.

Man schickte sie zur Intensiv-Station. Dort wollte man aber nur Trixi hereinlassen.

Lars hatte ihren Vater mit ihrem Bruder bis ins Haus geschleppt, hatte sie hierher gefahren, und nun sollte er vor der Tür verharren? *Das* ging ja gar nicht! Auf Diskussionen allerdings hatte sie in ihrer jetzigen Verfassung keine Nerven, also musste man hier anders an die Sache rangehen.

»Das ist mein Verlobter, *Dr.* Ranstedt, Schwester! Er gehört selbstverständlich zur Familie!« Den Doktortitel hatte sie extra so betont, sollte die verantwortungsbewusste Krankenschwester ruhig denken, er sei Mediziner. Lars spielte sofort mit, indem er nur kurz nickte.

»Ah so, entschuldigen Sie, das wusste ich nicht.«

Sie zogen beide einen grünen Kittel über und wurden dann in das Krankenzimmer des Grafen gebracht. Rick saß neben dem Bett, mit sorgenvollen Blicken schaute er auf, als sie eintraten.

»Papa ist gerade vom MRT wieder zurück. Gleich bringen sie die Aufnahmen.«

Trixi sah auf das hochrote Gesicht ihres Vaters. Er atmete schwer. Neben und hinter dem Bett registrierte sie Monitore, die Kurven aufzeichneten und leise piepten. Man hatte ihm bereits einen Zugang am Handrücken gelegt, und auch den Katheterschlauch sah sie, der unter die Bettdecke führte. Die Luft roch nach Medikamenten und Desinfektionsmitteln.

Und wieder flossen ihre Tränen. Sie trat vorsichtig ans Bett und streichelte ihrem Vater über die Wange.

»Mensch, Papa, was machst du für einen Scheiß! Ich nehme es dir übel, wenn du dich drückst! Montag beginnt doch die Apfelernte!«

Ihr Bruder holte tief Luft. In diesem Augenblick wurde ihm bewusst, was da auf sie zukam ...

Lars stand hinten an der Wand, fast wie ein Security-Mitarbeiter, der den Dreien Schutz bot.

Einige Minuten später kam der behandelnde Arzt. Er hatte mehrere MRT-Bilder mit, die Querschnitte des Gehirns zeigten. Und dann erklärte er den geschockten jungen Leuten, dass ihr Vater einen schweren Schlaganfall erlitten habe. Er veranschaulichte anhand der Aufnahmen die Blutungen.

Letztendlich ließ sich noch nicht absehen, welche Schäden das Gehirn von Graf Bernhard davongetragen hatte und wie viele Folgeschäden zurückbleiben würden.

Der Arzt schickte die Familie nach Hause. »Er bekommt von uns jetzt weitere Medikamente, sodass er tief und fest schlafen wird. Kommen Sie auch zur Ruhe! Morgen früh sehen wir uns wieder. Können Sie gegen neun hier sein?«

Wie selbstverständlich fuhr Lars die Geschwister zurück aufs Land. Vor dem Schloss hielt er.

»Du kommst mit rein, Lars«, sagte Rick.

»Ich glaube, es ist besser, ihr beiden seid jetzt allein.«

»Du musst doch auch Hunger haben! Du warst zum Dinner eingeladen, stattdessen hast du Chauffeur gespielt und weder einen Happs zu essen noch einen Schluck zu trinken bekommen.«

»Aber das macht doch nichts!«

»Bitte komm mit rein!«, bat ihn auch Trixi. »Unsere Haushälterin hat die Platten vorab gerichtet, wer soll das alles sonst essen?«

So folgte Lars den beiden.

Keiner wagte einen Gedanken an die Zukunft. Stattdessen erzählte Rick Geschichten aus seiner Internatszeit und Trixi berichtete über das ihr vom Vater mitgegebene Wissen zum Thema Apfelernte. Lars gab einige seiner verwegenen Studentenstreiche zum Besten und plauderte über die Hochzeit seines Freundes, die man vor zwei Wochen gefeiert hatte.

»Aber ich will nicht klagen, ich habe schließlich ebenfalls eine sehr attraktive Braut!«

Rick sah ihn überrascht an und Trixi blieb das Herz

stehen.

»Ich bin verlobt!«, meinte Lars ernst.

»Oh, das wusste ich nicht!« Rick war unangenehm berührt, weil er Lars auch wegen Trixi eingeladen hatte.

»Ich ebenfalls nicht!« Und dann berichtete Lars von der Szene vor der Intensivstation.

»Meine Schwester konnte schon immer gut ein höllisches Tempo vorlegen!«, scherzte Rick erleichtert.

Trixi lief hochrot an und wäre am liebsten unter den Stuhl gerutscht.

Später lag sie grübelnd im Bett. Was würde der morgige Tag bringen?
Wie schnell sich die persönliche heile Welt ändern kann, dachte sie, plötzlich ist von einer Minute auf die andere unwiederbringlich nichts mehr, wie es war.

♥ 8 ♥

Am anderen Morgen erwachte Trixi und sofort wurde ihr erneut die schwere Last der Krankheit bewusst.

Rick und sie informierten Frau Mader, die völlig geschockt direkt in Tränen ausbrach. Gemeinsam tranken sie Kaffee, keiner mochte etwas essen, und dann waren die Kinder des Grafen auf dem Weg in die Klinik.

Ihr Vater war nicht bei Bewusstsein. Auch heute früh wagte der Arzt noch keine Prognose. Abwarten, hieß es. So fuhren sie zwei Stunden später unverrichteter Dinge zurück aufs Schloss.

Trixi rief Veronika an, die sofort anbot, zu ihr zu kommen.

»Das kann ich nicht verlangen!«, sagte Trixi, war aber erleichtert, als Veronika darauf bestand.

»Freunden in der Not steht man bei. Das hab ich so gelernt!«

Als sie eine Stunde später im Schloss ankam, trug sie unüblich eine Jeans, aber trotzdem hohe Pumps. Dieses Outfit betonte natürlich ihre prallen Oberschenkel. Ganz ohne Chichi konnte sie nicht, so hatte sie ein getupftes Tuch im 50er-Jahre-Stil um ihr blondes Haar gebunden, passend zur ärmellosen Polka-Dot-Bluse.

»Oh, Frau Meinel«, amüsierte sich Rick, »wollen Sie zu einer Landpartie aufbrechen?«

»Werter Graf von Schlomberg, ich werde heute meinen Tag in der gräflichen Apfelplantage verbringen, da ich beabsichtige, Ihre Schwester ein wenig bei den Vorarbeiten zu unterstützen.«

»Achten Sie aber darauf, dass Ihre zarten Ärmchen

keinen Sonnenbrand ereilen!«, ärgerte er sie weiter.

»Oh, da bin ich ganz pfiffig, glauben Sie mir! Sonnenschutzfaktor 60!« Und sie holte ein kleines Fläschchen Sonnenmilch aus ihrer Handtasche, welches sie lächelnd schwenkte.

»Kommen Sie am besten morgen wieder, Frau Meinel, dann ist Erntebeginn.«

»Ich werde *auch morgen* da sein, lieber Graf!«

»Musst du sie immer zanken?«, raunte Trixi ihrem Bruder zu, als Veronika noch einmal zum Auto zurückging, um ihre hohen Schuhe gegen flache zu tauschen. »Hab du erst mal einen Helfer am Start! Ich sehe nämlich keinen Einzigen!«

»Äh ...!«

»Sag ich doch! Deine eingebildeten Model-Tussis, die du hier streckenweise anschleppst, sehen zwar klasse aus, aber arbeiten, wie Veronika, kann keine von denen – und vor allen Dingen, sie können nicht einmal mit Veronikas großem Herz konkurrieren.«

»Ein Kleines passt ja auch nicht zu ihrem voluminösen Körper.«

»Es ist eine leichte Rubens-Figur, Rick. Sie ist ja nicht fett, sondern nur halt etwas üppiger. Und deshalb wahrscheinlich hat sie eine dicke Portion mehr Herz.«

Noch bevor sie Veronika die Arbeiten erklärte, rief sie in der Firma an und bat, ihren Jahresurlaub, der erst in einer Woche geplant war, vorziehen zu können. Sie erklärte die Situation, auch in der Hoffnung, dass sich in vierzehn Tagen die Welt wieder normalisiert hatte.

Tatsächlich stand Veronika Meinel auch am folgenden Tag zum Arbeitsbeginn in grüner Caprihose und hellgrünem T-Shirt mit einem applizierten goldenen Krönchen vor der Schlosstüre. Rick wollte soeben in die Klinik und dann zur Arbeit fahren und begegnete ihr so noch.

»Frau Meinel!« Er warf einen Blick auf ihr T-Shirt und somit auf ihren großen Busen. »Sie wollen heute königlich arbeiten? Welch Augenschmaus am frühen Morgen!«, lästerte er, reichte ihr trotzdem freundlich die Hand. »Haben Sie Ihre Agentur denn für die Zeit der Apfelernte geschlossen und Ihre Kunden vertröstet – oder ist Flaute momentan?«

»Das Geheimnis einer intelligenten Chefin ist eben, delegieren zu können!«, stellte Veronika lächelnd fest. »Haben Sie heute einen pünktlichen Feierabend, Graf von Schlomberg, besitzen Sie diese herausragenden Führungsqualitäten auch, ansonsten ...«

Rick lachte auf. »Ich bin rechtzeitig zurück, ich möchte ja sehen, wenn Sie von der Apfelplantage wieder ins Auto kriechen!«

Indem schaute Trixi durch die Tür.

»Rick, hör auf! Veronika, komm her! Du bist zeitig, wunderbar! Da bleibt uns ja Zeit für eine große Tasse Kaffee!«

Während sie Veronika schon Richtung Küche dirigierte, drohte Trixi ihrem Bruder schnell noch mit der Faust.

»Nimm dir die kleinen Lästereien bloß nicht zu Herzen!«, wollte Trixi beschwichtigen. »Der ist ab und zu so. Ein Mann eben. Ich hätte es lieber gehabt, wenn er am ersten Tag der Ernte dabei gewesen wäre, weil Vater fehlt. Aber nein! Geht nicht, ich bemühe mich, früher zu kommen, hat er gesagt! Kennst du diesen Männerspruch? Soll heißen, ich halte mir alle Optionen offen! Und wer ist wieder allzeit einsatzbereit? Wir Frauen natürlich! Also, lass dich bloß nicht von ihm aufziehen!«

»Ach was! Er ist doch süß, wenn er sich so anstrengt,

mich witzig zu unterhalten!«

Trixi lachte erleichtert.

Aber tatsächlich kehrte Rick zeitig aufs Schloss zurück. Und er staunte nicht schlecht, als Veronika ihm mit festen, schnellen Schritten entgegenkam, eine Apfelkiste schleppend.

Später trafen sie sich in der Küche bei Haushälterin Emmi.

»Das sind klasse Äpfel für Apfelmus! Ich kenne da ein ganz tolles Rezept von meiner Oma!«, freute sich Veronika.

Dafür interessierte sich Emmi natürlich brennend, denn auch sie hatte eine Rezeptur von ihrer Großmutter übernommen.

Noch ein paar Mal kam Veronika mit Kisten in die gräfliche Küche. Man sah ihr nicht an, dass sie an diesem Tag doch recht viel körperlich gearbeitet hatte. Sie wirkte frisch, und gute Laune hatte sie auch immer noch.

»Frau Meinel, Sie machen einen erstaunlich fitten Eindruck!«

»Ich *bin* fit, Graf von Schlomberg! Außerdem hat mir Ihre Schwester eine Kiste dieser wunderbaren Äpfel in Aussicht gestellt – als Naturaliengabe für geleistete Fronarbeiten. Damit hab ich natürlich mein Belohnungssystem aktiviert und die Ausschüttung der Endorphine ist in vollem Gange.«

»Ich dachte eher«, grinste Rick, »Sie wären mit so einem Atomakku, das 88 Jahre läuft, ausgestattet.«

»Sehen Sie, so kann man sich täuschen! Übrigens, Endorphine sind viel hübscher als Atome! Das passt also deutlich besser zu mir.«

Rick grinste in sich hinein.

Trixis Handy klingelte. Mit fast schon zitternder Stimme nahm sie den Anruf an. Ihre Miene erhellte sich. »Dankeschön! Wir kommen!«

»Los, Rick! Ab in die Klinik! Papa ist bei Bewusstsein!« Trixi freute sich, denn sie hatte heute bereits dreimal tagsüber angerufen, aber da war er noch nicht ansprechbar gewesen.

Schnell verabschiedeten sie sich von Veronika.

Doch die Freude währte nur kurz. Ihr Vater konnte sie zwar erkennen, aber nicht sprechen. Seine rechte Hand hing schlaff herunter. Beide verbargen ihr Entsetzen und sprachen ihrem Vater Mut zu, der herzzerreißend weinte.

Später führten sie ein Gespräch mit dem Arzt.

»Es tut mir leid für den Grafen. Er hat seine Stimme verloren und die rechte Seite ist gelähmt. Es gibt jedoch Hoffnung, dass er langsam die Fähigkeit zu sprechen wiedererlangt. Aber es wird dauern. Vielleicht bilden sich die Lähmungen zurück, doch auch das wird Monate in Anspruch nehmen.«

Trixi konnte kaum schlucken. Was sollte jetzt werden? Sie blickte zu ihrem Bruder. Und sie sah ihm an, dass er sich diese Frage ebenfalls stellte.

Auf dem Rückweg meldete sich Ricks Autotelefon. Lars rief an und erkundigte sich nach dem Gesundheitszustand des alten Grafen. Rick gab ihm einen kurzen Überblick.

»Es tut mir von Herzen leid«, nahm Lars Anteil. »Wenn ich euch in irgendeiner Hinsicht helfen kann, sagt Bescheid.«

»Wir müssen jetzt erst einmal ein paar Sachen sortieren. Nach Dringlichkeit sozusagen. Aber es wird immer etwas zu tun sein. Magst du uns am Wochenende Gesellschaft leisten und vielleicht sogar helfen?«

»Gerne. Dann lass uns kurz vorher telefonieren.«

»Machen wir.«

»Grüß deine Schwester herzlich von mir.«

Doch ehe Rick antworten konnte, schickte Trixi ihm liebe Grüße zurück.

»Es ist ganz erstaunlich«, meinte Rick, »ich habe heut mehrere Anrufe von guten Bekannten erhalten, die von Vaters Klinikeinweisung erfahren und sich erkundigt haben. Aber keiner hat seine Hilfe angeboten. Und die Menschen, die erst einige Monate in unserem Leben vorkommen, wie Lars und Frau Meinel, die bieten Hilfe an beziehungsweise sind einfach bei uns.«

»Ja, es ist schon bemerkenswert, wer in Zeiten der Not da ist.«

»Sag mal, ist Frau Meinel verheiratet?«

»Nein, ist sie nicht!«

»Wie alt ist unsere Wuchtbrumme eigentlich?« Rick drehte den Kopf neugierig zu seiner Schwester.

»Hey«, schimpfte sie, »guck auf die Fahrbahn! Du bist schon in der Mitte! Sie wird Ende des Jahres 37 hübsche Jährchen. Wir haben übrigens am selben Tag Geburtstag!«

»Uh, doch reichlich älter als ich ...«

»Was willst du damit sagen?«

»Nix!«

Wieder daheim erledigte Trixi noch einige Dinge in ihrem Wohnbereich, aber das völlig mechanisch. Ständig kreisten ihre Gedanken um die Zukunft.

Das Schloss, der Apfelbetrieb, all das ließ sich auch mit viel Arbeit und Engagement nur schwer ohne ihren Vater stemmen. Wie das alles auf den richtigen Weg bekommen? Aber dafür würden sich schon Lösungen finden.

Doch was war mit ihrem Vater? Er war halbseitig gelähmt. Wie sollte es weitergehen? Würde er sich je wieder richtig artikulieren können? Wie leid er ihr tat! Er war knapp über siebzig – könnte er sich noch einmal vollends erholen? Er, der von jeher alle Fäden in der Hand gehalten hatte, fiel komplett aus.

Nur nicht daran denken, es könnte für immer sein ...

Der Arzt hatte gemeint, er werde erst einmal auf unbestimmte Zeit an den Rollstuhl gefesselt sein. Hier türmte sich ein Berg von Problemen auf, an die Trixi niemals gedacht hatte.

Immer hatte sie einen sanften Übergang von einer Generation auf die andere im Kopf gehabt. In ein paar Jahren wäre sie bereit, die Schlossgeschäfte ganz zu übernehmen – aber doch noch nicht jetzt!

Später lag sie mit offenen Augen im Bett. Zu gerne hätte sie nun eine starke männliche Schulter zum Anlehnen gehabt, um die Sorgen zu teilen.

Sie erinnerte sich an die Hand von Lars, die er ihr tröstend ganz sanft auf das Knie gelegt hatte. Was für eine liebevolle, mitfühlende Geste! Seine Hände und die dazu passenden Arme würde sie zu gerne genau jetzt als Trostspender fühlen.

♥ 9 ♥

Die kommende Woche wurde knochenhart. Trixi wechselte zwischen Schloss, Krankenhaus und Apfelplantage hin und her.

Tausend Fragen hatte sie an ihren Vater. Keine Einzige konnte sie ihm stellen. Er brauchte dringend Ruhe für die Genesung, so tat sie, als liefe alles wundervoll und er brauche sich keinerlei Sorgen zu machen.

»Papa, du hast mir so viel beigebracht, ich komme gut zurecht!«

In Wirklichkeit sah man erst jetzt, wie selbstverständlich der alte Graf die Dinge gehandhabt hatte, ohne dass Rick und sie wussten und je geahnt hätten, wie viel Arbeit und Hintergrundwissen in seinem Handeln begründet waren.

Trixi taten die Knochen weh, abends fiel sie wie ein Stein ins Bett.

Nächste Woche musste sie sich endlich einen genauen finanziellen Überblick verschaffen, lange genug hatte sie es verdrängt. Ihr Verhalten, seine Bitten um Mitarbeit zu ignorieren, rächte sich jetzt. Nur ungern wühlte sie in den Sachen ihres Vaters.

Wie oft hatte er gesagt: »Ich möchte dir zeigen, Trixi, wo alles steht, sollte mir etwas passieren. Du musst das wissen, da dein Bruder sich nicht die Bohne dafür interessiert! Der hat nur den Kopf mit seinem Sport voll!«

»Jaja, das hat doch Zeit! Wenn das Wetter mal schlecht ist, schaue ich mir das an.«

»Glaub mir, es ist wichtig, Trixi! Ich will keinesfalls, dass du vor einem Berg Probleme stehst, die du nicht haben brauchst.«

Genauso war es jetzt, selbst schuld, haderte sie mit sich.

Aber sie freute sich auch auf das Wochenende, denn Lars hatte ihrem Bruder zugesagt. Er würde schon am Mittag kommen, so konnten sich die beiden Männer auf irgendeine Arbeit stürzen.

Abends dann würde Veronika mit Neuigkeiten zu ihnen stoßen. Sie hatte Anfragen für die Festsäle und traf sich in der Zwischenzeit mit potentiellen Kunden.

»Du kannst Emmi Samstag freigeben!«, verkündete Rick. »Lars kocht ziemlich gern, hat er großspurig verlauten lassen, da habe ich ihn mitsamt Futtertüte eingeladen!«

»Sag jetzt nicht, Rick, *du* lädst ihn zum Essen zu uns ein und *er* muss das Essen mitbringen?«

»Macht doch nichts!«

»Spinnst du?« Trixi bemerkte, wie ihr der Ärger und das Unverständnis den Hals hochkrabbelten.

»Ich werde sowieso noch einmal mit ihm sprechen müssen«, grinste Rick, »denn wenn die Meinel auch kommt, müssen wir leichte Kost servieren, sonst geht die uns samt Stuhl durch die Bangkirai-Terrasse.«

»Du bist unmöglich, Rick!«

»Nur vorausschauend!«

»Gib mir mal die Nummer von Lars!«

Natürlich wollte sie ihren Bruder nicht bloßstellen, so formulierte sie es geschickt: »Echt toll, dass du kochst. Rick und ich sind da weniger talentiert. Weißt du, Lars, Frau Meinel von der Event-Agentur wird abends dazu kommen, da sie mit uns noch einige Termine absprechen möchte. Ich würde sie zu gerne ebenfalls zum Essen bitten und ich weiß, dass sie Meeresfrüchte mag. Hast du vielleicht Lust, mit mir auf den Samstags-Markt zu fahren, dann könnten wir alle anderen Zutaten auch gleich mitbesorgen.«

»Super Idee! Das Problem ist nur, dass ich zwar Fisch mag, aber mich mit der Zubereitung nicht wirklich auskenne.«

»Lass uns doch Fisch und Fleisch zum Grillen kaufen. Das Wetter soll herrlich werden!«

»Super! Grillen ist tausend Mal besser als kochen! Ich hol dich ab, ja?«

Genau das wollte Trixi hören!

Am Samstag huschte Trixi morgens schnell ins Krankenhaus und wurde dann von ihrem Bruder abgelöst. Sie war gerade fünf Minuten daheim, als Lars sie für den Einkauf abholte. Wow! Sah der eigentlich jedes Mal besser aus?

Seine erste Frage galt ihrem Vater. Sie gab ihm eine kurze Info, leider waren nur minimale Fortschritte zu verzeichnen.

Der Rest des Tages jedoch war für Trixi federleicht. Sie genoss es, mit Lars über den Markt zu schlendern, sie freute sich, dann von ihm zu einem Cappuccino in ein Straßencafé eingeladen zu werden – und sie fühlte sich in seiner Nähe pudelwohl.

Als sie später zum Schloss zurückkehrten, wartete Rick bereits. Nun sei erst einmal Männerzeit, meinte er mit einem Lächeln und küsste seine Schwester auf die Wange.

»Wir sehen uns heute Abend!« Trixi ging in ihren Flügel und gönnte sich ein Entspannungsbad.

Wäre gar nicht schlecht, wenn Lars auch mit planschen würde, dachte sie amüsiert, reglementierte sich aber, als sie an sich herabschaute.

Trixi, du bist leider eine Flachflunder!

Trixi sortierte gerade Unterlagen, als sie hörte, wie Veronika vorfuhr.

»Grill-time!«, rief sie schon von Weitem, wild winkend. Sie tippelte, einen kleinen Karton tragend, auf Peeptoes heran, trug dazu eine Carmenbluse und einen weit schwingenden Sommerrock.

»Mensch«, begrüßte Trixi sie mit Küsschen, »wo hast du nur immer diese schicke Kleidung her?«

»Wenn du mal einen Rock oder ein Kleid tragen würdest, verrate ich es dir ... hu, warm! Ich bin ganz außer Atem!«

»Dann kriegst du erst einmal ein kühles Getränk – und nein, ich möchte keine Kleider tragen, sofern es sich vermeiden lässt.«

»Ich verstehe das gar nicht, Sweetie!«, pustete Veronika, »es ist so luftig leicht bei diesen Temperaturen, und es ist unfassbar weiblich.«

»Ja, wenn man was Weibliches hat. Von Weitem könnte man bei mir auch denken, ich wäre ein pubertierender Teenie ... Junge, wohlgemerkt.«

»Du spinnst! Du hast ein total sexy Fahrgestell! Eines Tages mache ich ein richtiges Mädchen aus dir!«

»Geht nicht!«

»Wart's ab! Nimm mal«, Veronika lenkte vom Thema ab und drückte Trixi den Karton in die Hand, »zum Kosten! Ein Glas meiner weltbesten Apfelmarmelade, lecker Brombeergelee und ein Gläschen Himbeer-Fruchtaufstrich, ohne die kleinen Kernchen naturalmente!«

Die Marmeladengläser waren mit bunten Etiketten versehen, handbeschriftet und hatten verschiedene Stoffhütchen als Abdeckung.

»Wow! Sehen die hübsch aus!«

»Ich mach das super gerne! Also, ich schleck auch mit

Leidenschaft die Reste der Marmelade aus den Töpfen.« Sie kicherte.

»Hey, jetzt bleib doch nicht so lange in der Tür stehen! Komm rein! Ich hab Sekt Rosé für uns beide kaltgestellt. Die Eiswürfel warten bereits auf ihren Einsatz. Und ich auf den Sekt! Ich fühl mich nämlich heut rosé«, grinste Trixi fröhlich. »Papa geht es besser!«

»Wie schön! Da freu ich mich mit. Und deinem Rosé-Gefühl könnte ich mich ohne zu zögern anpassen! Ich kann mich auch echt total schnell rosé fühlen!«, meinte Veronika freudig.

Eine Stunde später saßen vier gut gelaunte Menschen vor dem Grill. Es wurde ein schöner und lustiger Abend – auch alkoholtechnisch, sodass Trixi Veronika anbot, bei ihr im Südflügel zu übernachten. Nach anfänglichem Zögern sah man jedoch ihren roten Wangen an, dass sie dieses Angebot zu gerne annahm.

Daraufhin erging ebenfalls eine Einladung an Lars.

»Wir haben das Sommerhaus immer für Gäste hergerichtet, Lars, also: feel free!«

»Mach ich glatt, ich habe schon gedacht, ich müsse zwischen den Apfelspalieren meinen Rausch ausschlafen!«

»Die Dorade ist wirklich ganz köstlich!«, freute sich Veronika.

»Waren die Schönsten, die wir ergattern konnten, nicht wahr, Trixi?«, Lars lächelte sie lieb an.

»Vor allen Dingen«, ergänzte Rick, »sind sie sehr gesund, weil zudem kalorienarm.«

Veronika blieb der Bissen im Hals stecken.

»Werter Graf von Schlomberg, was sehen Sie mich so an? Ich hatte heute früh nur ein ganz leichtes Frühstück.

Und Sie als Mediziner wissen doch auch, dass es auf die Anzahl der Kalorien pro Tag ankommt. Die habe ich jedenfalls noch nicht erreicht!«

»Aber in Kürze«, grinste Rick. »Zur Erläuterung: Bedeutsam ist für die zu genießende Kalorienzahl zudem die sportliche Betätigung, denn die Kalorien wollen umgesetzt werden und die Muskeln bekommen so Futter für den Aufbau.«

»Aha, dann mache ich ab jetzt eben Sport!«

»Sehr gut, Frau Meinel! Das ist löblich!«, spottete Rick. »Gerne können Sie mich als Personal Trainer buchen. Ich zeige Ihnen die wichtigsten und effektivsten Übungen ohne Verletzungsgefahr!« Herausfordernd sah er sie an.

»Ich habe einen Mörderwillen, Graf, glauben Sie mir, ich kann so was von zäh sein, so was von! Aber zurzeit arbeite ich eh schon mehr als zwölf Stunden.«

»Da fällt mir ein, Veronika hat uns selbst gemachte Marmelade mitgebracht!«, lenkte Trixi besorgt vom Thema ab.

»Selbst gemacht? Na, das finde ich ja klasse!«, meinte Lars anerkennend.

»Oh ja! Ich mach so etwas gerne als Ausgleich zu all dem Event-Kram um mich herum. Das ist so herrlich ehrlich, ich liebe Arbeit mit den Händen und erst die Düfte! Ich verschenke an Brautpaare und andere Kunden diese kleinen süßen Sünden, als Geste der Agentur, kommt gut an! Ich nehme das Etikett als Werbung für mich.«

Trixi sprang auf, rannte ins Haus und kam mit den drei Gläschen von Veronika wieder. »Schaut, sind sie nicht hübsch?« Apfelmarmelade, Brombeergelee und Himbeer-Fruchtaufstrich!«

»Lars griff nach dem Brombeerglas. »Hey, cool! Ich

liebe Marmelade, also wenn du mal etwas überhast ...!«

»Ich habe noch einige Gläser Zuhause. Davon kannst du welche bekommen!«

»Super! Lieb von dir!«

»Aus welchen Früchten machen Sie denn Marmelade? Unsere Haushälterin versorgt uns ja auch immer mit ihren Paradesorten!«, mischte sich jetzt wieder Rick ins Gespräch ein.

»Mir kann man Obst uneingeschränkt geben. Ich mache aus jeder Sorte alles, ich bin da sehr erfinderisch!«

Rick lehnte sich mit verschränkten Armen in seinem Stuhl zurück. »Oh, habt ihr gehört, Frau Meinel macht aus Früchten *alles*. Wahrscheinlich auch Erdbeerwurst, Schnitzel in Brombeerpanade und Mangogulasch!«

»Graf von Schlomberg, Sie haben mich durchschaut!«, gurrte Veronika äußerst vergnügt. »Ich bin tatsächlich ein Allround-Talent.«

Das Gespräch kam im weiteren Verlauf des Abends ganz automatisch auf den alten Grafen. Aber die Sorgen schoben Rick und Trixi beiseite.

»Wird schon!«, meinte Trixi hoffnungsvoll. »Der Ansatz ist ja positiv.«

Veronika hob ihr Glas. »Trinken wir darauf, dass Graf Bernhard jeden Tag ein großes Stück auf dem Weg Richtung guter Gesundheit macht und in Kürze munter in diesem Kreis sitzen wird!«

Diesen Satz rechnete Rick ihr hoch an.

♥ 10 ♥

Noch bevor ihre Gäste am anderen Morgen zum Frühstück erschienen, fragte Trixi ihren Bruder: »Warum bietest du Veronika nicht das Du an? Lars hat das doch auch ganz unkompliziert gleich am Anfang des Abends getan.«

»Schwesterherz, Frau Meinel arbeitet für uns! Da finde ich es unangebracht!«

»Hast du mal die letzte Woche Revue passieren lassen, Rick? Mit Ausnahme von ihr, Lars und den Maders hat uns keine Sau Hilfe angeboten! Außer einem betroffenen Gesicht oder ein paar warmen Worten kam *nichts*!«

»Du hast ja recht, trotzdem hat sie einen Vertrag mit uns. Wenn du dich mit ihr duzt, ist das okay, reicht aber auch. Wir wollen nicht *zu* privat werden, das ist schlecht, sollten wir ein weiteres Mal mit ihr verhandeln müssen!«

Trixi schüttelte verständnislos den Kopf.

Ihr Bruder ergänzte noch: »Weißt du, sie ähnelt dir, zwar nicht vom Aussehen, jedoch von der Art. Sie muss auch immer das letzte Wort haben!«

Trixi lachte auf. »Aha! Das ist es! Du kommst ihr nicht bei!«

»Quatsch!«

»Ha! Du lernst als Mann deine Grenzen kennen, Bruder, wenn du auf geballte Frauenpower triffst! Schön ist das! Es gefällt mir!« Sie gibbelte schadenfroh.

Nach dem gemeinsamen, wieder humorvollen Frühstück, denn Veronika stand Rick in puncto Bemerkungen der ironischen Art in nichts nach, zeigten die Geschwister ihren Gästen die privaten Obstwiesen.

»Birnen!« Veronika war beeindruckt. »Wann sieht man schon noch alte Birnbäume! Wisst ihr, was ihr da für Schätze habt? Wundervoll! Und sie sind in Kürze reif.«

»Wenn Sie möchten, können Sie gerne welche haben!«, meinte Rick großzügig.

»Danke, da sage ich nicht Nein!«

»Sie könnten bei der Ernte behilflich sein, Sie haben ja bereits ein wenig Übung durch die Äpfel!«, griente Rick sie an.

»Ist das so eine Art Sport?«, fragte Veronika, ihn mit großen blauen Kulleraugen ansehend.

»Durchaus! Sie können natürlich ihre Trainingseinheiten in die Birnbäume verlegen.«

»Das käme mir sehr gelegen, da hätte ich lebensnotwendige Vitamine direkt in Griffnähe.« Veronika drehte sich. »Oh, da hinten stehen auch Kirschbäume! Schade, dass wir uns zur Erntezeit noch nicht kannten. Und diese Himbeerhecken! Ich fasse es nicht! Ich habe echtes Geld für die paar Himbeeren für den Fruchtaufstrich bezahlt! Und hier hängen sie en masse herum!«

Rick pflückte eine Beere und reichte sie ihr galant.

»Probieren Sie eine gräfliche Himbeere, Frau Meinel. Sie hat ein ganz wundervolles Aroma! Unser Gärtner hegt und pflegt sie bestens.« Dann seufzte er. »Womit wir leider beim nächsten Problem wären. Unsere wunderbare Gartenseele wird in den Ruhestand gehen!«

Gedankenvoll sah er sich in dem Bereich um. »Da sollten wir auch bald an eine Lösung denken.«

»Noch ist es nicht so weit!«, beschwichtigte Trixi. »Erst einmal muss Papa gesund werden.«

»Wie viel Land habt ihr hier eigentlich?«, fragte Lars.

»Alles zusammen, mit dem Wald da hinten, sind das knapp 180 Hektar.

Kurz danach verabschiedete sich Veronika. Sie habe noch Events für die kommende Woche vorzubereiten.

Veronika war keine Viertelstunde weg – Trixi, Rick und Lars saßen wieder auf der Terrasse – als Ricks Handy klingelte.

Es war das Krankenhaus. Ihr Vater hatte einen weiteren Schlaganfall erlitten.

Die Geschwister fuhren direkt in die Klinik. Lars scheuchte sie förmlich vom eigenen Schlosshof.

»Fahrt los, Mensch! Ich schnappe meine Sachen im Sommerhaus und gehe durch den Garten hinten rum raus.«

Trixi konnte kaum atmen vor Aufregung, als sie die Intensiv-Station betrat. Ihr Vater schlief. Gott sei Dank gab es von dem behandelnden Arzt Entwarnung. Es war nicht so schlimm wie zuerst angenommen.

Doch auch eins wurde nach einem halbstündigen Gespräch mit dem Arzt klar. Ihr Vater würde nunmehr eine sehr lange Zeit für die Rekonvaleszenz brauchen. Ob er je wieder in der Lage wäre zu laufen? Er würde Pflege benötigen ...

Auf der einen Seite erleichtert, auf der anderen schwer gebeutelt, saßen sie kurz danach in der Krankenhaus-Cafeteria, versorgt mit einem starken Kaffee.

»Innerhalb der nächsten Woche müssen wir eine Lösung finden!« Ricks Stimme klang belegt. »Wir können ihn nicht pflegen. Erstens sind wir nicht dafür ausgebildet, zweitens haben wir beide einen Job.«

»Und drittens ... die Geschäfte des Schlosses ...« Trixi schluckte die aufkommenden Tränen runter. »Ich bleibe den Tag über hier bei Papa. Holst du mich heute Abend wieder ab oder soll ich ein Taxi nehmen?«

»Nein, nein, ich komme. Ich möchte Papa später auch noch sehen.«

Veronika war zu Hause angekommen. Nein, sie hatte keine Vorarbeiten für die kommende Woche zu leisten. Das war eine, so nannte sie es, *geschäftliche Notlüge*, die keinem wehtat, die keinem Schaden anrichtete, aber ihr half.

Trixi wusste Bescheid. Gestern Nacht, als sie zusammen in den Südflügel zurückgingen, hatte sie ihre neue Freundin gebeten: »Hast du noch einen Moment Zeit, ich möchte dir etwas beichten.« Sie holte tief Luft. »Trixi, ich habe ein Geheimnis.«

Trixi hatte sie völlig überrascht angesehen. Ein wenig später meinte sie: »Und was ist daran schlimm? Warum gehst du damit nicht offen um?«

»Am Anfang habe ich es ja versucht, aber glaube mir, du bekommst als Agentur keinerlei Aufträge mehr. Die Kunden meinen, man wäre nicht leistungsfähig, würde ständig ausfallen und könne keine Termine einhalten!«

»So ein Blödsinn!«

»Glaub mir, ist so. Ich bitte dich nur um eins, Trixi! Sag es niemandem.«

»Aber Lars und mein Bruder ...!«

»Bitte! Es soll alles so bleiben, wie es ist. Bitte versprich mir das.«

»Na gut! Auch wenn ich es nicht verstehe.«

Wie glücklich war Veronika, diesen Auftrag im Schloss ergattert zu haben! Das spülte nicht nur Geld in die Kasse, sondern brachte außerdem bestes Renommee für ihre Agentur! Wer Events auf Schloss Schlomberg ausrichten konnte, dem würde man auch alles andere zutrauen ... wunderbar! Sie hatte viele Jahre wirklich hart dafür gearbeitet. Endlich fuhr sie ein paar Früchte ihrer Mühen ein. Und das sollte so bleiben!

Sie würde ihre ganze Kraft, ihr Wissen und ihr Können einbringen, vielleicht bekäme sie dann den Zuschlag für die geplanten Schlossführungen.

In puncto Äpfel und Marketing ließ sich noch vieles verbessern, das hatte sie jetzt bei der Ernte erkannt. Da dieses Thema jedoch frühestens wieder in ein paar Monaten relevant wurde, würde sie die Problematik gut durchdenken und Lösungen erst einmal für sich behalten. Alles Schritt für Schritt ...

Ihr Ziel war es, mehr und mehr Geschäfte mit der gräflichen Familie abzuwickeln, ganz klar, aber sie wollte auch keinesfalls die frische Freundschaft zu Trixi aufs Spiel setzen.

Veronika sah auf die Uhr. Zwei. In einer Stunde würde es wieder turbulent bei ihr, doch nun blieb ihr noch Zeit für eine große Tasse Kaffee, eine Lifestyle-Zeitung – und die Füße auf dem Sofa!

Lars war mittlerweile auch in seiner Wohnung angekommen.

Der alte Graf tat ihm von Herzen leid. Er hatte ihn als freundlichen und gewieften Geschäftsmann kennengelernt. Ihn vor einigen Tagen so hilflos im Krankenbett liegen zu sehen, hatte ihn schwer mitgenommen.

Dann schien er auf dem Wege der Besserung – und jetzt dieser Rückschlag!

Nach der schlimmen Nachricht war er zum Sommerhaus zurückgegangen. Dort richtete er schnell das Bett, in dem er geschlafen hatte, und verließ das hübsche Häuschen. Langsam schritt er durch den prächtigen

Schlossgarten auf den Parkplatz zu. Noch einmal drehte er sich um. Was für ein idyllischer Anblick!

Die Sonne schien förmlich Freude daran zu haben, dieses alte Steinhaus mit den kleinen Sprossenfensterchen anzustrahlen. An der Giebelseite rankte sich Efeu seinen Weg zum Dach. Den Eingangsbereich beschattete ein großer Walnussbaum. An der Längsseite standen betagte, voll erblühte Rosenstöcke. Die Farbe Rosa dominierte. Vögel zwitscherten. Es war schlichtweg ein malerisches Bild.

Er hatte sich sehr gefreut über das Angebot, auf Schloss Schlomberg übernachten zu dürfen. Und als er später in dem alten Holzbett mit der weichen Bettwäsche lag, die nach einem Hauch Lavendel duftete, nahm er sich vor, Trixi für den Abend ins Kino einzuladen.

Zu einer Einladung war es durch den Anruf der Klinik nicht mehr gekommen. Hoffentlich verband sie die Krankheit ihres Vaters nicht mit einem negativen Gefühl für ihn, denn es war nun das zweite Mal, dass sie in seiner Anwesenheit eine schlechte Nachricht erhalten hatte. So mutiert man nämlich zum Schreckgespenst eines Schlosses, dachte er. Lars da – Unglück da!

Gegen Abend würde er Rick anrufen, um zu hören, wie es seinem Vater ging. Trixi konnte er schließlich schlecht kontaktieren. Der Kontakt zu ihr lief über ihren Bruder, das wäre sicherlich in der gegenwärtigen Situation der einfachste Weg.

Schade, wäre das Unglück mit dem Grafen nicht passiert ...

Er brauchte Rick nicht anrufen, denn der meldete sich von selbst und berichtete. Wie gut, dass die Situation nicht aussichtslos war, obwohl man ein bisschen Hoffnungslosigkeit in der Stimme des jungen Grafen hörte.

»Wartet doch einfach einige Tage ab. Manchmal kommt die Lösung von ganz allein«, versuchte er zu trösten.

»Vielleicht ist das nicht verkehrt. Wir müssen uns erst einmal einen Überblick über die Geschäfte verschaffen. Wir wissen ja nix! Auf der anderen Seite sind wir selbst schuld. Wir haben uns nie gekümmert, weil keiner von uns beiden an so eine Situation auch nur ansatzweise gedacht hat.«

»Jetzt mach dir mal keine Vorwürfe, Rick! Kein normaler Mensch würde eine eventuelle Krankheit einkalkulieren, besonders, wenn derjenige, den es trifft, völlig gesund ist.«

Als sie das Gespräch beendeten, war Lars erneut für das kommende Wochenende mit Rick verabredet.

»Wir können dann sicherlich den guten Rat und auch die Entscheidungshilfe eines Freundes gebrauchen«, hatte Rick geäußert.

Lars hatte nun die Woche über Gelegenheit, nachzudenken, wie er Rick und Trixi am ehesten helfen konnte.

♥ 11 ♥

Den Montag verbrachte Trixi erneut am Krankenbett ihres Vaters. Nur wenige Augenblicke war er wach, fiel immer wieder in einen unruhigen Schlaf. Sie hielt seine Hand. Trixi war voller Sorgen, zumal bald einige Zahlungen getätigt werden mussten – und von denen hatte sie keine Ahnung!

Ihr Vater würde in den nächsten Wochen nicht helfen können, das war ihr klar.

Als sie gegen Abend die Klinik verließ, wusste sie, dass ihr nun der bisher schwierigste Teil ihres Lebens bevorstand.

Sie musste sich durch das Geflecht von Geschäften durchbeißen – genau das, was sie nie gewollt hatte! Noch hatte sie Urlaub. Aber was würde danach? Auf die neue Herausforderung in ihrem Job als Abteilungsleiterin hatte sie so lange hingearbeitet. Nun war es gefühlsmäßig zweitrangig geworden.

Sie hörte im Geiste die Stimme ihres Vaters, der sie so oft gebeten hatte, doch Einblick in die Geschäfte des Schlosses zu nehmen.

Als sie daheim eintraf, saß ihr Bruder bei der Haushälterin in der Schlossküche.

»Du bist ja noch da, Emmi!« Trixi sah überrascht auf die Uhr.

»Du brauchst jetzt erst einmal etwas kräftiges Warmes, Trixi! Du hast den ganzen Tag am Krankenbett deines Vaters ausgeharrt!« Emmi war besorgt.

»Ich hätte in die Krankenhaus-Cafeteria gehen können, wenn ich gewollt hätte!«

»Kind, das schmeckt doch nicht!«

»Ich hab schon so gewartet!«, brummelte Rick vor sich hin. »Ich habe Hunger wie ein Wolf.«

»Was gibt es denn?« Neugierig ging Trixi zum großen Kochtopf. »Es duftet wunderbar!« Erst jetzt bemerkte sie, dass ihr Magen knurrte.

»Nudelsuppe habe ich gemacht!«

Trixi quietschte vor Freude auf. Nudelsuppe war nach den Trostwaffeln mit rosa Sahne die beste Art, die Seele zu streicheln.

Sie dachte kurz an früher. Musste sie aufgrund einer Krankheit wieder auf die Beine kommen, hatte es immer Nudelsuppe gegeben. Sie umarmte Emmi herzlich.

»Danke!« Dabei sog sie den so typischen Emmi-Duft ein – es war wie ein Stück Schutz ihrer Kindheit.

Wie selbstverständlich saß die Haushälterin kurz danach mit am Tisch. Glücklich beobachtete sie, wie die beiden aßen. Irgendwie waren es auch ihre Kinder, geschenkte sozusagen. Trixi noch mehr als Rick, denn er war ja vom Vater nach England verbannt worden und konnte von ihr nur in den Ferien verwöhnt werden.

»Esst reichlich!«, freute sich Emmi, »Basis ist ein kräftiges Suppenhuhn!«

Nachdem Trixi natürlich Nachschlag bekommen hatte, berichtete sie aus der Klinik und tat ihre Sorgen bezüglich der zu erledigenden Verpflichtungen kund.

Rick wollte sich wieder gut aus der Affaire ziehen. »Ich habe augenblicklich so viel zu tun, ich ...«

»Rick!« Trixis Ton wurde scharf. »Du kannst mir nicht alles aufbürden und mich allein lassen! Das ist unfair!«

»Trixi!«, schoss Rick zurück. »Vater wollte von jeher, dass *du* die Geschäfte des Schlosses übernimmst!«

»Das stimmt überhaupt nicht!«

»Doch! Sonst hätte er mich damals nicht nach England abgeschoben!«

»Jetzt hör aber auf, Rick! Mit dem Blickwinkel eines Erwachsenen musst du zugeben, dass Vater gar keine andere Chance hatte, als dich auf diese Weise zur Vernunft zu bringen! Du weißt das ganz genau. Du wolltest schließlich auch nie was mit dem Schloss und seinen Verpflichtungen zu tun haben – selbst jetzt, wo Not am Mann ist!«

Emmi sah mit Besorgnis auf die streitenden Geschwister.

»Hört doch auf, ihr beiden! Streit ändert gar nichts. Ihr müsst in dieser Situation gemeinsam an einem Strang ziehen.«

»Ich habe eine lange Ausbildung hinter mir!« Rick war gereizt. »Die lasse ich mir nicht nehmen!« Damit stand er auf und verließ die Küche.

»Dann hau doch ab! Drück dich mal wieder vor jeder Verantwortung!«, schrie Trixi ihm aufgebracht hinterher.

Als die Küchentür mit Schmackes ins Schloss fiel, schlug Trixi die Hände vors Gesicht und weinte. Emmi setzte sich auf den Stuhl neben ihr und legte tröstend einen Arm um ihre Schulter.

»Warum ist er so?«, schluchzte Trixi. »Er lässt mich mit allem allein!«

»Nun, schön ist es wirklich nicht«, begann Emmi, »aber bring ihm doch ein bisschen Verständnis entgegen.«

»Ich wüsste nicht, warum ich das tun sollte!«

»Ein wenig an dem Dilemma ist auch dein Vater schuld. Den Weg, den Rick gegangen ist, hat er nicht selbst gewählt. Gut, er war nach dem Tod eurer Mutter alles andere als einfach und umgänglich. So sah der Graf nur den Ausweg, ihn für eine vernünftige Erziehung in ein Internat zu geben. Er hatte Sorge, dass Rick ganz abrutscht. Und glaube mir, er war schon schlimm.«

Trixis Tränen versiegten und sie hörte weiter zu.

»Aber ich war der Ansicht, dass ein Jahr zur Läuterung durchaus gereicht hätte. Das habe ich deutlich kundgetan. Leider hat sich der Graf nicht erweichen lassen. Mir hat manchmal das Herz geblutet, wenn dein Bruder in den Ferien seinen Vater angebettelt hat, wieder nach Hause kommen zu dürfen, er würde sich ändern. Doch nein, euer Vater ist hart geblieben. Sicherlich hat er nur das Beste für ihn gewollt, aber er hat damit auch ein Kinderherz gebrochen. Du durftest hier leben, er musste weg. Richtig glücklich war Rick nur dann, wenn Fernando mitkam.«

»Davon habe ich nichts mitbekommen.«

»Er hat so oft darum gefleht. Rick hat es nicht nur gefühlsmäßig, sondern ebenfalls schulisch knallhart getroffen. Deshalb muss man heute verstehen, dass er so reagiert und keinesfalls alles einfach hinwerfen kann.«

»Warum sagt er es dann nicht offen? Stattdessen streiten wir uns und fühlen uns beide schlecht.«

»Weil er ein Mann ist!«

Trixi sah Emmi nun mit großen Augen an.

»Du bist noch eine junge Frau, Trixi, das Wissen um die Männer kommt mit zunehmendem Alter. Männer denken und bewerten Dinge anders. Sie haben andere Gene.«

Um der ganzen Misere ein bisschen die Schärfe zu nehmen, brachte Emmi einige lustige Beispiele.

»Männer greifen beispielsweise zum Beseitigen von Fettflecken grundsätzlich nach dem besten Handtuch. Hast du schon mal gesehen, wie Männer saugen? Nur in der Mitte des Raumes. Gib ihnen fünf Dinge auf zum

Einkaufen, mit Glück kommen davon vier mit nach Hause. Willst du mit ihnen shoppen gehen, haben sie spätestens nach dem zweiten Geschäft keine Geduld mehr. Sie sind müde, ihnen ist zu heiß, sie fühlen sich unter den vielen Menschen plötzlich unwohl. Ausnahme sind Fußballspiele! Außerdem bemängeln sie, dass du dich nicht entscheiden kannst, stattdessen hast du noch nicht mal die Chance auf eine Auswahl, weil sie ständig maulend neben dir stehen. Aber lass sie in einen Raum mit einer Eisenbahnanlage, sie werden sich stundenlang geduldig mit dem Kreiseln der kleinen Bahnen und dem Verändern von Signalen beschäftigen.«

Trixi kicherte.

»Glaube mir, Männer sind eindimensional. Sie können einfach keine zwei oder drei Dinge auf einmal, wie wir. Während wir die Milch im Topf mit rechts umrühren, haben wir links ein Kind auf dem Arm und nebenbei telefonieren wir noch. Wir Frauen sind multi-tasking. Das ist nur wenigen Männern in die Wiege gelegt. Sie können nichts dafür. Ich sag's wieder, es sind die Gene.«

»Emmi! So kenne ich dich gar nicht!«

»Ich bin eine Frau, Trixi! Und gnadenlos Männer-erprobt! Ich habe einen Mann und drei Söhne! Noch was lustig Überspitztes, Trixi, aber mit wahrem Kern: Männer haben echtes Glück, wahrscheinlich sichert ihnen das den Fortbestand! Es gibt nur kurze Zeitfenster, wo sie total unwiderstehlich sind: Einmal natürlich ganz jung, denn Kinder sind alle süß. Es folgt die Zeit, wenn man sich so heftig in sie verlieben kann, weil sie stark, männlich und Testosteron-umwabert sind, dann heiratet man sie. Und das dritte Zeitfenster öffnet sich, wenn sie Großvater werden.«

Jetzt lachte Trixi und gab Emmi einen Kuss auf die

Wange.

»Danke! Du hast mein Weltbild wieder ins richtige Lot gebracht. Nur schade, dass ich das vorher noch nicht wusste. Ich hätte mir die Sache mit Dirk nicht so zu Herzen genommen! Der war auch so ein Hormonbulle.«

»Buch es als Lebenserfahrung ab. Du weißt zumindest jetzt ganz genau, was du nicht willst!«

Emmi stand auf. »So, die Therapiestunde *Fragen Sie Frau Emmi* ist beendet. Ich muss nach Hause. Dort habe ich nämlich auch einen hungrigen Mann hocken!«

Sie kniff Trixi ein Auge, strich ihr über die Wange, löste ihre Schürze und hing sie an den Haken am Küchenschrank. Danach war sie verschwunden.

Eine Weile blieb Trixi in der Küche sitzen und dachte über das Gesagte nach. Sie überlegte, ob sie noch auf einen Sprung zu Rick gehen sollte, damit der Abend nicht in dieser Verstimmung endete, entschied sich aber dagegen.

Er sollte ruhig nachdenken. Sie würde es ebenfalls tun. Und erst, wenn sie eine Entscheidung getroffen hatte, war der Zeitpunkt zum Reden gekommen.

Den Kopf voller neuer Gedanken ging sie in ihren Südflügel. Mit einem Glas Rotwein setzte sie sich auf die Terrasse und genoss die Gartengeräusche, die an ihr Ohr drangen. Dann stand sie auf und wanderte, das Glas noch in der Hand, rüber zum Sommerhaus. Dort hatte sie als Kind so gerne gespielt und war in ihre Märchenwelt abgetaucht.

Nun war alles ziemlich zugewachsen, jedoch herrschte, dank ihrem alten Gärtner, ein gepflegter Wildwuchs. Oft schon hatte er gebeten, doch etwas mehr schneiden zu dürfen. Aber da dieses Areal in ihr Hoheitsgebiet fiel, untersagte sie es ihm. Sie mochte es, wenn Pflanzen sich ursprünglicher entwickeln konnten, ohne ständig beschnitten zu werden.

Einige Rosen waren Duftsorten. Sie trat heran, steckte ihre Nase in eine Blüte. Hmm, wie sie diesen Duft liebte! Dann drehte sie sich um und sah auf das Schloss. Eine Welle der Liebe überflutete sie. Ruhig und nahezu majestätisch wirkte es. Es war ihr Zuhause. Plötzlich verstand sie ihren Vater, dessen Herz so an diesem alten Gemäuer hing.

Und im gleichen Augenblick erkannte sie, dass auch ihr Herz hier war – im Schloss, im Park, im Sommerhaus, bei den Rosen, in den Obstwiesen, auf der Plantage, im Wald.

Würde sie dieses Schloss führen können, mit den innovativen Ideen ihres Vaters? Er war sehr vorausschauend gewesen. Hatte er unbewusst etwas geahnt?

Mit ihrem Bruder konnte sie kaum rechnen. Je mehr sie darüber nachdachte, umso besser gefiel ihr das plötzlich. *Sie* würde ihren Vater bis zu seinem Wiedereinstieg ersetzen.

Ein Marketing-Konzept musste her!

Veronika hatte Marketing studiert, mit besonderer Ausrichtung Event-Management. Es war wohl ein Wink des Schicksals gewesen, das der Flyer von ihrer Agentur ins Schloss geflattert war.

Gleich morgen würde sie mit Veronika telefonieren. Heute Abend nicht mehr. Die wenige freie Zeit brauchte Veronika einfach für sich ...

♥ 12 ♥

Trixi erwachte, das erste Mal seit dem Unglück mit Mut und Elan. Heute würde sie Unterlagen sichten, um sich einen Überblick zu verschaffen.

Auf das Frühstück mit Rick verzichtete sie, sondern fuhr stattdessen in die Klinik. Auch hier gab es einen Erfolg. Ihr Vater war wach. Er konnte nicht sprechen, aber er signalisierte mit den Augen, dass er ihre Worte verstand.

So versicherte sie ihm, dass sie sich ab jetzt bis zu seiner Rückkehr um das Schloss kümmern würde. Sie sah den glücklichen Gesichtsausdruck ihres Vaters und fühlte den leichten Händedruck seiner gesunden Hand.

Als Trixi das Krankenhaus verließ, war sie über diesen neuen Schritt froh gestimmt.

Noch hatte sie ein paar Tage Zeit, vieles in die Wege zu leiten.

Das Geschäftliche war davon das Einfachste. Was aber sollte mit ihrem Vater werden, wenn er aus der Klinik entlassen wurde? Naja, eins nach dem anderen …

Wieder im Schloss ging sie als Erstes einige Unterlagen durch, für die Zahlungen anstanden. Der Graf hatte alles säuberlich und nachvollziehbar geordnet. So war die erste Tat doch nicht ganz so unbequem und schrecklich, wie sie sich das vorgestellt hatte. Sie rief Veronika an.

»Ich möchte einiges mit dir besprechen. Könntest du rauskommen und Zeit mitbringen?«

»Es tut mir sehr leid, heute ist mir das nicht möglich. Morgen Nachmittag wäre günstig für mich. Passt dir das auch?«

Obwohl Trixi etwas enttäuscht war, stimmte sie zu. »Natürlich!«

Nachdem sie nun ihre Vorstellungen nicht direkt heute loswerden konnte, hatte sie keine Lust auf Arbeit mehr. Die Sonne schien, so wanderte sie mit ihrer Rosenschere rüber zum Sommerhaus. Dort stellte sie sich einen Strauß für ihr Wohnzimmer zusammen, einen Zweiten nahm sie für Veronika mit. Die Zeit der Rosen war für dieses Jahr vorbei, das waren die letzten beiden Sträuße gewesen.

Den Rest des Tages verbrachte sie auf ihrer Terrasse mit ihrem geliebten Sekt Rosé on Ice und einem romantischen Liebesroman – und hatte bei dem attraktiven Protagonisten Lars vor Augen ...

Der folgende Tag begann wie der gestrige, sie besuchte ihren Vater. Sie meinte, einen winzigen Fortschritt erkennen zu können.

Dann fieberte sie auf den Nachmittag mit Veronika hin.

»Ich konnte es kaum erwarten, bis du kommst!«, begrüßte sie ihre Freundin.

Zuerst tranken sie gemeinsam Kaffee und Trixi präsentierte Veronika Emmis Waffeln mit rosafarbener Sahne.

»Och nee, wie hübsch sieht das denn aus?« Veronika war begeistert.

So erzählte Trixi von ihrer Kindheit und der Bedeutung der rosafarbenen Sahne.

Dann kam sie auf den Punkt und erläuterte ihre Pläne. »Vater hat es so gewollt. Er hatte angedacht, Führungen anzubieten und eventuell noch andere Dinge in Angriff zu nehmen, um etwas mehr Geld in die Schlosskassen zu spülen.«

»Warum habt ihr das nicht schon längst gemacht?

Dieses Schloss ist ein Kleinod, eine Perle!«

»Papa war da anscheinend einen großen Schritt weiter als wir. Komm, lass uns mal Richtung Sommerhaus gehen! Ich habe es vor drei Jahren komplett neu eingerichtet. Ich liebe es. Es ist wie ein Puppenhäuschen. Und erst die Rosen drum herum!«

»Ich habe gerade schon die beiden tollen Rosensträuße bewundert, als ich durch dein Wohnzimmer kam. Sie duften!«

Trixi lächelte. »Danke!«, sagte sie und dachte, wenn du wüsstest, dass du mit so einem Strauß nach Hause gehen wirst!

Langsam wanderten sie, begleitet von warmen Sonnenstrahlen, in Richtung des kleinen Sommerhauses.

»Es wirkt fast ein bisschen verwunschen. Und je näher man kommt, umso mehr duftet es nach Rosen! Ach, Trixi, das ist wirklich schön!«

»Ich weiß. Und ich möchte etwas aus dem Schloss machen, so wie Papa es will. Wenn er wieder ganz gesund sein wird, soll er mit Freude auf neue Geschäftsideen blicken. Und du, Veronika, sollst mir dabei helfen, mein Ideengeber sein, sozusagen.«

Veronika drehte sich zu Trixi, sie konnte ihr Glück kaum fassen! Das wäre ja ein Großauftrag!

»An was genau hast du denn gedacht? Lass uns doch erst einmal ein Brainstorming machen, dann schauen wir, was umsetzbar ist, welcher Arbeits- und Geldaufwand entsteht.«

»Geld! Bei dem Wort könnte ich schreien!«, stöhnte Trixi. »Davon hätte ich jetzt noch das Doppelte, mein Aktionsradius wäre erheblich größer, wenn ich nicht auf Dirk hereingefallen wäre. Stattdessen ist es in ein Hotel in Florida geflossen! Ich wünsche dem Arsch die Pest an den Hals!«

»Ich persönlich glaube ja, dass sich alles, was man anderen Menschen im Leben antut, rächt. Es kommt unweigerlich zurück auf die eine oder andere Weise, durch Verluste, durch Krankheit ..., warte einfach mal ab.«

»Deine Worte in Gottes Ohr!«

»Da sind sie schon drin, glaub mal. Der Herrgott lässt sich nicht an der Nase herumführen. Er guckt sich vieles eine Zeit lang an, doch dann ... Meine Oma hatte einen Spruch, den ich heute noch gerne mag: Gottes Mühlen mahlen langsam, aber sie mahlen.«

»Oho! Das sind in der Tat weise Worte!«, ertönte plötzlich eine tiefe, männliche Stimme.

Die beiden Frauen zuckten zusammen. Sie hatten nicht bemerkt, das Rick herangekommen war.

»Musst du uns so erschrecken?«, schimpfte Trixi.

»Guten Tag, Graf von Schlomberg!«, grüßte Veronika. »Und in der Tat, meine Großmutter war eine lebenskluge Frau!« Sie lächelte.

»Da du gerade hier bist«, begann Trixi und sah ihren Bruder herausfordernd an, »ich habe mich entschlossen, erst einmal das Schloss im Sinne von Vater zu führen. Deshalb ist auch Frau Meinel bei mir, sie wird mich professionell unterstützen.«

»Und das sagst du einfach mal eben so nebenbei?« Rick sah seine Schwester forschend an, ob sie nicht doch scherzte.

»Du bist ja abgehauen und hast mich mit dem Problem allein gelassen.«

Man merkte Rick an, dass ihm das gegenüber Veronika peinlich war. Die brachte einen salomonischen Satz: »Viele Dinge kann man einfach nicht ad hoc über den

Zaun brechen, sie wollen gut durchdacht sein.«

»So ist das!«, stimmt er zu. »Ich habe noch eine Verabredung, ich verabschiede mich.«

»Wir sollten uns am Wochenende zusammensetzen und entscheiden, was wir machen! Bis dahin hast du doch sicherlich etwas ausgearbeitet, Veronika?«, meinte Trixi mit einem fragenden Blick.

»Prima!«, sagte Rick schon im Fortgehen. »Am Samstag kommt Lars, dann könnten wir unsere gesamte Power in das Projekt werfen!«

»Oh«, warf Veronika schnell ein, »Samstag ist mir leider nicht möglich. Aber am Freitagnachmittag bis in den Abend würde passen.«

»Bleib stehen! Mensch, Rick!«, schimpfte Trixi. »Wenn du noch nicht mal kurz warten kannst, bis der gemeinsame Termin steht, kann ich auch alles gleich alleine machen! Dann aber bist du ganz außen vor, damit das klar ist!«

Etwas beschämt kam er zurück und man fixierte den Freitag um zwei. Danach war Graf Richard verschwunden.

»Der hat wieder so eine aufgetakelte Tussi am Start!«, schimpfte Trixi. »Aufgrund unserer Situation hat er sie noch nicht mitgebracht. Bin mal gespannt, wann er sie hier anschleppt. Seine Weibergeschichten kotzen mich langsam auch an!«

»Lass ihn doch! Er ist schließlich im besten Mannesalter! Wenn er sich vor der Ehe nicht austobt, wann dann?« Veronika kicherte.

»Na, wenn du wüsstest! Da hab ich Dinge erlebt! Er hat in dieser Hinsicht ein unglückliches Händchen! Sie sehen zwar alle total klasse aus, aber entweder sind sie blöde oder wollen nur seinen Titel und das Geld.«

»In der Welt draußen sind die meisten Hyänen! Er wird schon noch die Richtige finden!«

»Hoffe ich! Ich muss schließlich mit der leben!«

Ein wenig später saßen sie erneut auf Trixis Terrasse.

»Ich mache mir dann Gedanken und arbeite bis Freitag verschiedene Möglichkeiten aus. Nur ein Problem könnte es geben!« Veronika war etwas verlegen. »Wenn der Arbeitsaufwand zu groß wird, beziehungsweise meine komplette Zeit in Anspruch nimmt, kann ich keine anderen Events mehr organisieren, aber davon lebe ich, also, ich ...«

»Mach dir mal keine Gedanken, Veronika! Sollte das Schloss ein Full-Time-Job werden, möchte ich dich exklusiv unter Vertrag.«

Veronika schluckte. Sie erfasste soeben geistig die Auslastung für ihre Agentur und die Mitarbeiter.

Da sie nicht antwortete, schoss Trixi schnell hinterher: »Über das Finanzielle sorg dich nicht. Du bekommst es gut bezahlt! Exklusivität wird immer gut honoriert.« Sie grinste. «Ich will schließlich verhindern, dass dich sofort jemand abwirbt! Ich hol uns mal ein Gläschen!«

»An Geld habe ich gerade gar nicht gedacht«, sagte Veronika ehrlich, »und sei mir nicht böse, aber ich muss jetzt los. Dafür bringe ich am Freitag Zeit mit.« Sie stand auf.

»Warte, Veronika, ganz kurz nur! Ich habe zwei existenzielle Probleme.« Sie fasste ihre Freundin bei der Hand, so dringlich waren ihre Sorgen. »Würdest du deinen Job hinschmeißen für ein Schloss? Und was noch viel wichtiger ist: Wenn Vater entlassen wird, ist er ein zeitlich begrenzter Pflegefall. Er muss mühsam wieder sprechen und laufen lernen, sitzt also erst einmal im Rollstuhl. Die Pflege kann ich unmöglich ableisten. Ich gebe ihn keinesfalls in ein Heim, Veronika, auch wenn es nur auf Zeit wäre. Ich bringe das nicht übers Herz, verstehst du das?«

Trixis große braune Augen sahen ihre Freundin in einer Mischung aus Sorge, Angst und Verzweiflung an.

Veronika umarmte Trixi. »Beruflich kann ich dir keinen Rat geben, das musst du allein entscheiden. Aber mit deinem Vater liegt die Lösung nahe. Du engagierst eine Krankenschwester, die für die Zeit der Rekonvaleszenz des Grafen im Schloss wohnt. Platz ist da, Geld ist vorhanden. Du fühlst dich gut, dein Vater ebenfalls.«

»Aber wie kommt man denn an eine Krankenschwester, die hier wohnen kann beziehungsweise die keinen familiären Anhang hat, um überhaupt hier wohnen zu wollen?«

»Lass das mal meine Sorge sein. Ich höre mich um und ich denke, ich bringe dir auch hierzu Freitag ein erstes Ergebnis mit.«

Voller Dankbarkeit umarmte Trixi ihre Freundin innig.

So saß Trixi noch lange allein mit einem Glas Sekt auf der Terrasse und dachte nach. Das Geschäftliche ließ sich mit Veronika wuppen, aber was hielt die Zukunft für ihren geliebten Vater bereit?

Völlig aufgewühlt fuhr Veronika nach Hause. Sollte es tatsächlich einen Exklusiv-Vertrag für ihre Agentur mit dem Schloss geben? Sie hätte damit ihren beruflichen Olymp erreicht! Das wäre im wahrsten Sinne des Wortes die Adelung ihrer jahrelangen Arbeit.

Sie würde alles daran setzen, um bis Freitag ein tragfähiges Konzept anzubieten, welches das Schloss täglich auslastete ...

Nun kann ich endlich zeigen, was in mir steckt, dachte

sie überglücklich. Ich werde mein Bestes geben! So eine Chance bekommt man nur einmal im Leben!

Vom Auto aus telefonierte Rick mit Lars.

»Kannst du auch am Freitagnachmittag? Folgendes hat sich ergeben ...«, und dann berichtete er von Trixis Entscheidung und der Vergabe des Auftrages an die Agentur Meinel.

»Ich sehe zu, dass ich es schaffe. Aber ich denke, das wird gut!«

»Wieso?«

»Ganz einfach! Veronika Meinel ist auf Zack! Unser Gerichtspräsident war von ihr begeistert. Sie hat sein Fest perfekt organisiert und war ihm persönlich auch sehr sympathisch.« Er lachte auf. »Er hat sogar gefragt, ob sie privat vergeben sei!«

»Und?« Rick hielt die Luft an.

»Das weiß ich doch nicht! Verheiratet ist sie nicht, aber ob sie einen Partner hat? Keine Ahnung! Wenn er das wissen will, soll er sie anrufen! Er ist alt genug!«

Nach dem Telefonat war Rick erstaunt. Sieh mal an, das blonde Energiekügelchen hatte einen Fan – und keinen geringeren als den Gerichtspräsidenten Wolfgang Reith!

Seine Gedanken an Veronika wurden jedoch durch einen weiteren Anruf unterbrochen. Es war sein kubanischer Freund Fernando Barreras Valdés. Er berichtete ihm, dass Dirk von Schlomberg nun ganz in den USA sei und dort versuche, bei den Reichen und Schönen mitzumischen.

»Das ist nur eine kleine Zwischeninfo, Rick, damit du nicht denkst, ich habe dich und dein Anliegen vergessen. Wir haben ihn ständig im Blick. Die Schlinge zieht sich zu.«

Obwohl Rick weit entfernt vom Ort des Geschehens war, bekam er Gänsehaut.

Dass Dirk in den USA weilte, wusste er bereits. Erst gestern hatte er den Abschlussbericht des von ihm beauftragten Detektivs bekommen.

Er hätte *vor* der Eheschließung seiner Schwester Nachforschungen in Auftrag geben sollen! Es hatte sich nämlich herausgestellt, dass Dirk sein Studium nicht abgeschlossen hatte. Das Diplom war gefälscht.

Immer wieder hatte er Frauen gefunden, die ihm Geld liehen. Als seine Lage prekär wurde, hatte er sich auf die Bekanntschaft mit dem Grafen besonnen und geschickt seine Nähe gesucht. Rick war wütend, darauf hereingefallen zu sein. Außerdem hatte Dirk versucht, mit dem guten Namen von Schlomberg Gelder bei anderen Schlossbesitzern für seine Projekte einzutreiben. Da war er jedoch kläglich gescheitert.

Prima, dass Dirk nicht wusste, was auf ihn zukam – und Rick war froh, dass er keine Einzelheiten kannte. Er schüttelte sich.

Dann war er in Gedanken ganz bei Melissa, sie würde ihm den Abend versüßen! Er dachte an ihren knackigen Hintern und den großen Busen. Rick vermutete zwar, dass sie mit Silikon ein wenig nachgeholfen hatte, so wie die Brust stand, aber eigentlich wollte er es auch gar nicht wissen.

Sein Körper reagierte mit Vorfreude, und er beschleunigte das Tempo ...

♥ 13 ♥

Miriam verließ das Krankenhaus. Was war das für eine Schicht gewesen! Drei Notfälle waren eingeliefert worden, die Station sowieso schon voll und die Zahl der Krankenschwestern natürlich auf ein Minimum reduziert! Von den drei Schwestern, die normalerweise Dienst hatten, war eine erkrankt.

Miriam und ihre Kollegin hatten mal wieder nicht gewusst, wo ihnen der Kopf stand. Der Stationsarzt musste auch noch in der Notaufnahme mithelfen, so war das Chaos vorprogrammiert.

Sie liebte ihren Beruf – eigentlich. Aber seitdem das Sparprogramm der Klinik griff, machte es einfach keinen Spaß mehr. Leidtragende waren die Patienten, für die nicht genügend Zeit übrig blieb. So wuchs natürlich auch das Frustpotenzial bei den Schwestern und Ärzten.

Zu Hause angekommen, nahm sie erst einmal eine heiße Dusche, so als könne sie den Ärger, ihren Frust und das Leid der Patienten abspülen.

Aber die Unzufriedenheit klebte an ihrer Haut fest, als sie die Duschkabine verließ. Sie griff nach dem weißen Handtuch. Das war auch das einzig weiße Teil in diesem Mini-Bad. Die Farben waren beige und dunkelbraun. Es war alles uralt, wie der Rest der kleinen möblierten Behausung, die sie seit der Scheidung vor acht Monaten bewohnte.

Ihr Mann hatte nach drei Jahren Ehe eine Freundin. Er reichte die Scheidung ein und gab ihr vier Wochen Zeit, die gemeinsame Wohnung zu verlassen. Miriam hatte keine Wahl, sie konnte mit dem Verdienst als Krankenschwester sowieso keine Dreizimmerwohnung unterhalten.

Aber wie innerhalb dieses kurzen Zeitraumes eine bezahlbare Unterkunft finden?

Schon lange half sie ab und zu in einer Event-Agentur aus, um ihr Gehalt ein wenig aufzupeppen. Das machte ihr Spaß, war es doch genau das Gegenteil zu ihrem Beruf. Dem Leid in der Klinik stand die Freude bei Veranstaltungen gegenüber.

In ihrer Not hatte sie sich der Chefin, Frau Meinel, anvertraut. Und die hatte, tatkräftig, wie sie war, ihre Kontakte ausgeschöpft und das Unmögliche möglich gemacht, nämlich eine kleine bezahlbare möblierte Wohnung fußläufig zum Krankenhaus aufgetan.

»Ich weiß, dieses Dach über dem Kopf ist keine Wohlfühloase! Betrachten Sie es einfach als Durchgangsstation, bis Sie etwas Adäquates gefunden haben.«

Doch die Überbrückungszeit verlängerte sich. Es gab nichts Passendes in der Nähe der Klinik auf dem Mietmarkt. Aber ein Auto war momentan nicht drin. Sie hatte die Kosten für die Scheidung zu zahlen, so musste sie auf einen kleinen fahrbaren Untersatz sparen.

In jeder dienstfreien Minute half sie deshalb in der Agentur aus. Der absolute Highlight-Einsatz war das Schloss Schlomberg gewesen. Sie durfte beim Catering einer Hochzeit helfen und genoss die Atmosphäre in diesem wunderschönen Gebäude mit allen Sinnen. Umso schrecklicher empfand sie die schäbige, alte Mini-Wohnung, als sie in der Nacht zurückkehrte.

Mittlerweile duzte sie sich mit Frau Meinel, weil sie zum Stamm der Agentur-Mannschaft avancierte. Rief Frau Meinel an und sie hatte keinen Dienst, war sie zur Stelle, ohne Wenn und Aber.

Sie hatte soeben eine Pizza in den Ofen geschoben, als ihr Handy klingelte. Veronika! Wie schön, das war sicherlich wieder ein neuer Job ... und ein paar Scheinchen näher an einem eigenen Auto!

Aber was Veronika sagte, verschlug ihr die Sprache.

»Wie stellst du dir das vor, Veronika? Ich kann nicht einfach meinen Job kündigen!«

»Du kannst! Du wirst als persönliche Krankenschwester des Grafen deutlich mehr verdienen, als du es jetzt tust.«

»Aber wenn er wieder gesund ist, habe ich gar keinen Job mehr!«

»Dann würde ich dich direkt in meine Agentur übernehmen. Du fällst also weich.«

»Tja ... ich ... also ... darüber muss ich erst einmal nachdenken!«

»Ich spreche morgen mit der Gräfin«, schwindelte Veronika, weil sie Miriam als bedächtig und überlegend kannte.

»Schlaf die Nacht drüber und ruf mich an! Das ist eine große Chance, die nur wenige bekommen! Und noch was, Miriam. Du hast eine Zusatz-Ausbildung als Physiotherapeutin! Die Klinik nimmt da dein Wissen oft wie selbstverständlich in Anspruch, ohne dass du dafür einen Cent mehr erhältst. Du solltest dich nicht unter Wert verkaufen!«

Nach dem Telefonat mümmelte Miriam ihre Pizza weg, ohne sie überhaupt zu schmecken. Sie sollte die persönliche Krankenschwester des Grafen von Schlomberg werden? Aber sie hatte doch gar kein Auto! Wie sollte sie denn jeden Tag zum Schloss kommen?

Die Nacht schlief sie sehr unruhig. Bilder des vornehmen Gemäuers, des Grafen, den sie nur gesund kannte, und albtraumhafte Szenen, wie sie zu Fuß ohne Schuhe

Richtung Schloss lief und es nie erreichte, geisterten im Halbschlaf durch ihren Kopf.

Doch am anderen Morgen, als auf der Station alles wieder viel zu hektisch und stressig war, nutzte sie eine Atempause und rief in der Agentur an.

»Ich könnte mir das vorstellen, Veronika, aber ich habe noch tausend Fragen.«

»Okay, dann spreche ich mit Gräfin Beatrix und melde mich bei dir.«

Die folgenden Tage hörte Miriam nichts. Gedanklich war sie oft auf Schloss Schlomberg gewesen, zumal sie die Örtlichkeiten ja kannte.

Ob sich der Job erledigt hatte, oder war bereits jemand anders eingestellt worden? Mensch, warum meldete sich Veronika nicht? Aber anrufen und nachhören – nein!

Veronika wusste natürlich, weshalb sie Miriam zappeln ließ. Neue Dinge mussten sich bei ihr erst setzen – und je länger sie wartete, desto sicherer würde sie für den Job zur Verfügung stehen. Sie empfand, dass die ruhige und empfindsame, verantwortungsbewusste Miriam genau die richtige Fachkraft für den gräflichen Haushalt war. Zudem käme sie von ihrer Art her sicherlich mit dem alten Grafen gut zurecht. Und Single war sie auch!

Veronika meldete sich bei Trixi. Sie habe eine tüchtige Krankenschwester gefunden, die für ihren Vater bestens geeignet wäre. Ja, noch eine jüngere Frau, 28 Jahre und sehr verantwortungsbewusst. Frisch geschieden, weil der Ehemann sie betrogen hatte – sie wusste, dass sie damit bei Trixi punkten konnte – aber eine wirklich liebenswerte, sensible Persönlichkeit. Und sie habe eine Ausbildung als Physiotherapeutin! Wie praktisch! So hätte

Graf von Schlomberg gleich die passenden Therapie-Maßnahmen vor Ort, ohne dass weitere fremde Menschen um ihn herum springen würden. Gerade die Bewegungsübungen müssten schließlich regelmäßig gemacht werden. Und sicher, sie würde bei der jungen Krankenschwester nachhören, wann sie sich vorstellen könne.

Das nächste Telefonat führte sie mit Miriam.

Die Gräfin sei interessiert, sie habe aber nur ein kleines Zeitfenster am heutigen Nachmittag.

»Ich nehme dich mit zum Schloss. Ich habe dort sowieso zu tun. Wie sieht es aus?«

»Ich habe Dienst, Veronika!«

»Besorge dir eine Vertretung!«

»Woher? Wir sind sowieso schon unterbesetzt!«

»Dann bist du eben krank!«

»Ich habe noch nie ...«

»Einmal ist immer das erste Mal! Willst du einen tollen Job? Raus aus dem stressigen Krankenhaus und den unverantwortlichen Arbeitsbedingungen? Möchtest du gut verdienen, um dir ein Auto leisten zu können? Dann ist die Zeit JETZT!«

Nachmittags saß Miriam in Veronikas Wagen und fuhr mit ihr raus aufs Land. Ja, so schön hatte sie das Schloss in Erinnerung! Was für ein Gemäuer! Und hier könnte sie eventuell arbeiten?

Veronika unterhielt sich mit ihr während der Fahrt, doch Miriam bekam nur die Hälfte mit, so aufgeregt war sie.

Die junge Gräfin hatte sie schon bei der Hochzeitsfeier gesehen, aber natürlich kein Wort mit ihr gewechselt. Etwas verlegen gab Miriam ihr die Hand. So klein und zart hatte sie Gräfin von Schlomberg gar nicht in Erinnerung!

Gemeinsam saßen sie bei Kaffee, der von einer älteren freundlichen Dame serviert wurde, im Blauen Salon des Schlosses. Was für ein imposanter Raum, groß, hoch, antik eingerichtet. Ihre jetzige Dreißig-Quadratmeter-Wohnung würde bestimmt mehrfach hineinpassen!

Das Arbeitsangebot allerdings war völlig anders als erwartet.

Zuerst erklärte Gräfin von Schlomberg den Gesundheitszustand des Grafen und die ärztlichen Prognosen für die Zukunft. Dann erläuterte sie ihre Vorstellung dieser Arbeitsstelle. Gedacht war eine Rundum-um-die-Uhr-Betreuung. Die notwendigen Medikamente sollten von ihr gegeben, Sprech- und Bewegungsübungen gemacht werden. Natürlich habe sie einen Tag in der Woche frei, sonst nach Absprache. Im Notfall müsse sie auch nachts zur Verfügung stehen.

Nun dämmerte es Miriam langsam, dass sie hier im Schloss wohnen sollte. Sie kam sich vor wie auf einer Zeitreise. Erst der pompöse Blaue Salon, dann ein 24-Stunden-Job. Das erinnerte sie an alte Filme. Sie wäre so etwas wie eine Leibeigene! Oh nein! Keinesfalls!

Gerade wollte sie erklären, dass dieser Job für sie nicht infrage käme, als die Gräfin meinte: »Alle die genannten Aufgaben fallen natürlich nur stundenweise für sie an, die wir allerdings nach Absprache flexibel gestalten möchten. Da mein Vater, um es lustig auszudrücken, im Augenblick nur Rollstuhl fährt, steht Ihnen sein Geländewagen zur freien Verfügung, auch privat. Und nun möchte ich Ihnen gerne zeigen, wo Sie wohnen würden.«

Miriam folgte der Gräfin und Veronika in den Schlosspark. Sie gingen auf ein kleines Häuschen zu.

»Das ist unser Sommerhaus. Wir haben es bisher für Gäste genutzt, nun wäre es Ihre Unterkunft. Es hat ungefähr hundert Quadratmeter Wohnfläche, allerdings ist es schon komplett eingerichtet. Wir gehen gleich rein, dann können Sie sehen, ob Ihnen das zusagt.«

Miriam starrte auf das Haus mit den kleinen Sprossenfenstern, die schönen Rosenstöcke davor, auf den mächtigen Baum, der das Gebäude beschattete, den schmalen Gartenweg, der zum Eingang führte. Es wirkte auf sie wie ein Mini-Schlösschen im Schutze des Großen.

Die Gräfin öffnete die Tür und sie betraten – einen Traum! Es gab im Erdgeschoss eine kleine, komplett ausgestattete Küche mit angrenzendem Vorratsraum, ein Duschbad und ein Wohnzimmer, im Obergeschoss waren zwei Schlafzimmer und ein modernes Bad eingebaut.

Miriam schlafwandelte förmlich durch die im Vintage-Stil eingerichteten Räume. Alles wirkte hell, leicht und heimelig. Einige Sonnenstrahlen fielen durch die Fenster und winzige Staubkörnchen tanzten in der Luft.

»Also dieses Häuschen wäre Ihres. Wir würden Ihnen noch Gartenmöbel zur Verfügung stellen, damit Sie Ihre freie Zeit auch im Garten genießen könnten«, meinte die Gräfin freundlich. »Aber ich sage das alles so selbstverständlich. Wie sieht es denn privat bei Ihnen aus? Wäre es Ihnen überhaupt möglich, hier zu wohnen?«

Miriam schämte sich zuzugeben, dass sie so jung bereits geschieden war. Sicherlich kam das in adeligen Kreisen weniger gut an. Doch sie hatte nicht mit der resoluten Antwort der Gräfin gerechnet. »Geschieden? Ich auch! Da haben wir ja was Gemeinsames!«

Miriam war unendlich erleichtert. »Überall sind Rosen!«, entfuhr es ihr, völlig am Thema vorbei.

»Bitte?«

»Rosen! Und alte Duftsorten sind dabei! Ich liebe Rosen!«

»Oh! Sie kennen sich aus mit Rosen?«

»Ja. Entschuldigen Sie, wenn ich das so sage, doch die hier müssten anders beschnitten werden, dann würden sie noch prachtvoller erblühen.«

Es entspann sich zwischen der Gräfin und Miriam ein Rosen-Fachgespräch. Veronika stand geplättet dabei, wusste aber jetzt, dass das Thema Krankenschwester von der To-Do-Liste gestrichen werden konnte.

Auf dem Weg zurück ins Schloss meinte sie zu Trixi: »Ihr habt noch nicht über das Gehalt gesprochen!«

»Oh ja, danke, dass du mich erinnerst, Veronika. Welche Vorstellung haben Sie denn, Miriam?«

Veronika wusste, dass Miriam gar keine Summe nennen konnte, weil sie keinerlei Erfahrungs- oder Vergleichswerte hatte, so grätschte sie beherzt dazwischen.

»Ich glaube, Trixi, du solltest ein Angebot machen!«

Miriam wollte es nicht, doch plötzlich klopfte ihr Herz bis in den Hals, als die Gräfin erneut sprach.

»Es muss sich auch für uns im Rahmen halten, aber ich zähle noch einmal die zusätzlichen Vergünstigungen auf. Sie bekommen ein Auto zur persönlichen Nutzung wie erwähnt, unsere Haushälterin sorgt für Frühstück und Mittagessen, sofern Sie möchten. Für Ihr Abendbrot wären Sie selbst verantwortlich. Das Sommerhaus steht Ihnen komplett mietfrei zur Verfügung. Die Arbeitszeiten sind wie besprochen. Unser Vertrag läuft so lange, wie mein Vater Hilfe benötigt. Gemäß ärztlicher Aussage werden das ungefähr zwei Jahre sein. Als festes Gehalt für diese anspruchsvolle Aufgabe haben wir uns 4000 Euro brutto vorgestellt.«

Miriam wurde schwindelig. Ihr fehlten die Worte. Die

Gräfin fragte, da Miriam stumm blieb: »Sind Sie enttäuscht, hatten Sie mehr erwartet?«

»Ich ... nein, nein ... ab wann wäre die Stelle denn frei, ich meine, wann kommt der Graf aus dem Krankenhaus?«

»Wir denken, in zwei bis drei Wochen. Sie könnten ab sofort einziehen, sich einleben, mit den Gegebenheiten des Schlosses vertraut machen, bis mein Vater aus der Klinik entlassen wird. Die Gehaltszahlung erfolgt natürlich mit dem Tag des Einzuges, sodass Sie keine Einbußen haben werden.«

»Habe ich Bedenkzeit?«

»Selbstverständlich. Es ist ja kein leichter Job!«

Mittlerweile hatten die drei Frauen das Schloss wieder erreicht. Miriam drehte sich noch einmal um und blickte auf das Sommerhaus. Es schien ihr förmlich zuzulächeln.

Auf dem Rückweg in die Stadt war Miriam wie betäubt.

»Hab ich dir zu viel versprochen?«, freute sich Veronika. »Das ist die Chance deines Lebens!«

»Ja«, hauchte Miriam, »ich bin fassungslos! 4000 Euro! Himmel! Was ich da alles sparen kann!«

»Gut, du hast aber einen verantwortungsbewussten Job, der keine starren Arbeitszeiten kennt.«

»Weißt du, Veronika, ich habe schon immer gerne gearbeitet. Dass ich für diese Summe mehr leisten muss als normal, erschließt sich ja von selbst.«

Sie hat es verstanden, dachte Veronika zufrieden.

♥ 14 ♥

Lars legte extra einen Termin von Freitagnachmittag um. Er wollte unbedingt dabei sein, wenn die Zukunft des Schlosses besprochen wurde. Außerdem war er neugierig, welche Geschäftsideen die kluge Veronika aus dem Ärmel schütteln würde.

Trixi und Veronika, das war ein interessantes Bild! Klein und groß, schwarz und blond, dünn und propper. Aber die Frauen tickten ähnlich, das spürte man deutlich.

Doch die Geschäfte des Schlosses waren nicht der Grund, warum der Freitag wichtig für ihn wurde. Die Nähe zu Trixi war es.

Seit Monaten hatte er diese hübsche kleine Frau im Kopf. Die Krankheit ihres Vaters hatte eine direkte Annäherung verhindert, das wäre wirklich deplatziert gewesen.

Wie küsste sie? Wie duftete ihre Haut? Wie fühlte sich ihr zarter Körper an? Genug geträumt jetzt! Er war schließlich ein Mann, kein Depp! Es musste etwas passieren!

So hatte er für das übernächste Wochenende einfach kurzerhand Musical-Karten besorgt. Vorher könnten sie essen gehen ... mal sehen, was sie zu dieser Einladung sagte. Sollte sie ablehnen, konnte er die Tickets immer noch verschenken. Und ich weiß dann auch, woran ich bin, dachte er.

Beherzt griff er sein Handy und wählte Trixi an. Gerade wollte er schon wieder auflegen, als sie doch noch abnahm.

»Stör ich? Lars hier!«

»Oh nein, nein! Ich komme nur gerade von draußen, hab das Klingeln gehört und bin gerannt!«

»Trixi, ich habe von einem Kollegen Musical-Karten bekommen, der kann nicht hin«, log er. »Die Vorstellung ist übernächsten Samstag. Ich möchte dich gerne einladen. Hättest du Lust, mit mir diesen Abend zu verbringen und vorher nett essen zu gehen?«

Einen Augenblick war es still, dann hörte er sie sagen: »Zu gerne, Lars! Ich liebe Musicals.«

»Wir können über die Einzelheiten ja am Freitag sprechen. Ich nehme an, dein Bruder hat dich informiert, dass ich auch bei dem Gespräch mit Veronika dabei bin?«

Trixi seufzte vernehmlich. »Natürlich hat der Nasenbär das vergessen! Aber gut, vielleicht ergibt die Mischung von uns Vieren ja bombastische Ideen!«

Als Trixi kurz danach auflegte, hüpfte ihr Herz. Lars hatte sie eingeladen! Endlich! Wunderbar! Mein Leben wird wieder bunter, freute sie sich, und eine Welle des Glücks überflutete sie. Und der nächste Gedanke war: Was ziehe ich an?

Später schimpfte sie mit ihrem Bruder. »Es wäre schön gewesen, wenn du mich wenigstens informiert hättest, dass dein Freund Lars auch bei den Gesprächen über die Zukunft des Schlosses mit dabei ist!«

»Aber nun weißt du es doch!« Rick tippte mit dem Zeigefinger liebevoll auf Trixis Nasenspitze, die sich, die Hände in die Hüften gestemmt, vor ihm aufgebaut hatte. »Außerdem kann man eine Info nicht schöner verpackt bekommen als mit einer Einladung, Schwesterchen!«

Ihr Bruder, der Schlawiner! Es gelang ihm doch immer wieder, sich geschickt aus der Affaire zu ziehen!

»Nur eins muss dir ganz klar sein, Rick! Schreib dir das

dick hinter deine gräflichen Löffel: *Ich* werde den Laden hier übernehmen, *ich* trage die Verantwortung! Und deshalb bestimme *ich,* was gemacht wird! Hast du das verstanden?«

Rick sah erstaunt auf seine kleine resolute Schwester. Ihre großen dunklen Augen funkelten. Typisch!

»Komisch!«, sagte er amüsiert, ohne auf die Forderung von Trixi einzugehen. »Die Kleinsten sind immer die Frechsten. Wadenbeißer, sozusagen!«

»Lenk nicht vom Thema ab!« Trixi war völlig ungerührt. »Ich will wissen, ob du das verstanden hast! Hast du?« Sie sah ihn durchdringend an.

»Jaja«, wand sich Rick.

»Dann verinnerliche das gefälligst bis Freitag! Ich will keinerlei Kompetenz-Gerangel vor Veronika und Lars. Capito?«

Später dachte sie, Rick habe ich jetzt eingenordet, der weiß, in welchem Rahmen er sich bewegen darf. Aber wie sieht das mit mir aus? Nach dem Treffen am Freitag würde sie wissen, welchen Weg die Bewohner des Schlosses einschlugen, und das hätte logischerweise auch Auswirkungen auf ihre berufliche Zukunft. Sie seufzte.

Trixi fuhr ins Krankenhaus. Ihr Vater erwartete sie bereits sehnsüchtig. Langsam, langsam kehrten seine Lebensgeister zurück. Er suchte sogar schon nach Worten und ärgerte sich, weil es nicht wirklich funktionierte. Trixi war glücklich und sie berichtete von der Krankenschwester.

»Sie hat zugesagt! Es ist eine ganz freundliche, ruhige, patente Person, Papa, mit sehr viel Fachwissen! Du kommst also direkt aus der Klinik nach Hause! Ach, Papa, ich freue mich so! Außerdem ist sie jung«, scherzte

Trixi, »du hast auf deine alten Tage auch noch was Nettes zu gucken!«
Ihr Vater zwinkerte und lächelte dabei.

Der so bedeutsame Freitag war gekommen.
Rick und Lars saßen bereits erwartungsfroh auf Trixis Terrasse. Lars war total locker drauf, denn Trixi hatte ihn mit einer Umarmung empfangen, dabei nahm er einen angenehm pudrigen Duft wahr. Passt großartig, hatte er spontan empfunden.
Rick hingegen war weniger relaxed. Seine Schwester hatte ihm viel Handlungsspielraum entrissen. Er wusste, dass er selbst die Schuld daran trug, konnte das Grummeln im Magen und den Dämpfer für seine Einflussmöglichkeiten aber kaum ignorieren.
Veronika Meinel traf ein.
»Hu, schau Lars«, stichelte Rick gleich los. »Das zukünftige gräfliche Flaggschiff segelt heran!«
Lars drehte sich um und sah Veronika, Business-mäßig im Kostümchen, High-Heels und Aktentasche festen Schrittes heranstöckeln. »Du meinst, die Galionsfigur!«, scherzte er. Aber sein Blick wanderte schnell wieder zu Trixi. Sie war so begehrenswert! Und er konnte nicht verhindern, dass seine Augen ihren Rücken hinabwanderten und auf dem Po hängen blieben, der in der engen Jeans so knackig wirkte.
In Gedanken war er mit ihr allein, zog ihr langsam das Top über den Kopf, küsste ihren kleinen Busen und streifte die Jeans die Hüfte herunter. In diesem Augenblick bemerkte er, dass Rick ihn beobachtete. Verlegen hüstelte er seine erotischen Gedanken weg.
»Wir fangen gleich an. Wir warten nur noch kurz auf Emmi. Sie kommt sofort!«, informierte Trixi die Runde.

»Emmi?« Rick schaute auf. »Wieso Emmi?«

»Ganz einfach, Bruderherz. Auch ihr Arbeitsplatz wird sich in Zukunft verändern. Sie muss die Chance haben zu entscheiden, ob sie das mitmachen möchte.«

»Also ich finde ...«, brauste Rick auf, da traf ihn ein stechender Blick von Trixi, und er bekam so gerade eben noch die Kurve, »... das ist eine gute Idee!«

»Sag ich doch!«

Den Nachmittag zuvor war Trixi bei Emmi in der Küche gewesen, um die Häppchen für das Meeting mit Veronika abzusprechen.

Da hatte Emmi sich ein Herz gefasst. »Trixi, hier wird sich viel ändern. Alles wird moderner, vielschichtiger. Das ist richtig und wichtig so, auch ein Barockschloss muss mit der Zeit gehen. Aber was wird mit mir, der Haushälterin Ende fünfzig, habe ich dann ausgedient? Möchtet ihr junges Blut für die Küche und ich bin über?«

Ihre Augen blickten Trixi angstvoll und forschend an.

»Aber Emmi! Wie kannst du so was denken? Du gehörst zu uns – hast du immer und wirst du immer!«

Emmi pustete vor Erleichterung die Luft aus und drückte Trixis Hand. »Dann möchte ich um etwas bitten. Darf ich mitarbeiten? Ich bin mir für keine Arbeit zu schade! Ich führe natürlich weiterhin gerne den Haushalt, aber vielleicht gibt es andere Aufgaben für mich, die ihr nicht teuer outsourcen müsst, sondern die ihr mir übertragen könnt?«

Trixi hatte sich amüsiert. »Wo hast du denn das Wort outsourcen her? Wir wissen noch gar nicht, ob wir Arbeiten auslagern werden!«

»Aber alles wird moderner, da muss man die entsprechenden Ausdrücke verwenden, um *in* zu sein!«

»Komm morgen Nachmittag einfach zur Besprechung dazu. Zwei Uhr ist angesagt. Ich wollte dich sowieso bitten, Kaffee und ein paar deiner weltbesten Gebäckstücke vorrätig zu haben!«

Soeben huschte Emmi um die Ecke und setzte sich etwas verschämt neben Trixi.

Und dann ging es auch schon Schlag auf Schlag!

Veronika händigte jedem eine Arbeitsmappe aus. »In diesem Handout sind alle in einem Jahr möglichen Veränderungen aufgelistet. Die erste Seite enthält eine Inhaltsangabe, die weiteren Seiten einige PowerPoint-Ausarbeitungen und Excel-Tabellen mit Hochrechnungen.«

Rick blätterte überrascht in den Seiten.

»Hör mal auf zu rascheln!«, grantelte Trixi.

Veronika machte ungerührt weiter.

»Zu jedem einzelnen Punkt zur Vermarktung des Schlosses sind detaillierte Angaben gemacht, die zur Entscheidungsfindung beitragen sollen. Fangen wir einfach mit der Auflistung an. Was ist möglich?

Nennen wir zuerst die Schlossführungen, die waren ein Wunsch Graf Bernhards und sind am schnellsten einzuführen. Ich benötige eine geschichtliche Zusammenfassung der letzten Jahrhunderte. Vom Bau des Schlosses, über die einzelnen Schlossherren bis hin zur modernen Apfelplantage. Sollte es einige private, gerne auch pikante, Überlieferungen geben – her damit! Anhand der historischen Aufzeichnungen würde ich eine Führung durch das Schloss ausarbeiten. Im Handout stehen Details. Führungsdauer, Preise und mögliche Einnahmen durch Verkäufe sind ebenfalls aufgelistet. Bei Verkäufen dachte ich an Ansichtskarten mit modernem Touch, Apfelprodukte und so weiter ... dazu kommen wir aber später noch, wenn wir das Thema der Produktpalette angehen. Und je nach Vertrag, den wir heute für meine Agentur aushandeln, mache ich die Führungen selbst.«

»Hoho!«, äußerte Rick. »Wir haben ein neues Schlossfräulein! Treten Sie denn auch in Gewandung an?«

»Gute Idee! Das wäre sicherlich ein schöner Nebeneffekt für alle Gäste!«, antwortete Veronika.

»Jaja, so ein prall ausgefülltes Barockkleidchen …«, scherzte Rick.

Veronika warf ihm das erste Mal einen vernichtenden Blick zu, referierte aber weiter, ohne auf diese Spitze einzugehen.

»Wir könnten spezielle Führungen mit anschließender Verkostung von Produkten des Schlosses anbieten, darauf komme ich später noch zurück.

Nächster Punkt. Ein Raum des Schlosses sollten wir mit modernster Medientechnik ausstatten, um hier Seminare, Tagungen und Kongresse der Extraklasse abhalten zu können. Das Portfolio muss breit gefächert sein: Rednerpult und Mikrofone, Videokonferenzsysteme, WLAN-Zugang, Projektionsmöglichkeiten.«

»Was soll das denn kosten?«, warf Rick ein.

»Kostenrechnung ist beigefügt. Das sind, ich weise nochmals darauf hin, erst einmal Vorschläge, was anhand der Gegebenheiten möglich *wäre*! Sie können hinterher ja selektieren.«

Trixi nickte. »Bisher hört sich alles gut an!«

»Weiter. Die Äpfel. Bisher werden die Äpfel an Großkunden verkauft. Außerdem wird Apfelsaft hergestellt. Hier greifen nun die nächsten Punkte mehr oder weniger ineinander.

Das Schloss soll über sein Hauptprodukt bekannt werden. Ein Apfelschloss also. Hierzu braucht es ein neues Logo mit Wiedererkennungswert, das auf alle zukünftigen Produkte kommt. Der Obstanbau könnte besonders beworben werden, denn auch Birnen, Kirschen und Pflaumen, nicht zu vergessen die Himbeeren, lassen sich verkaufen. Sie sind hier vorhanden und werden verkaufstechnisch bisher gar nicht genutzt!

Es wird ein Schlosslädchen geben. Hier läuft der gesamte Handel von allen hauseigenen Produkten, also Früchte pur und Früchte verarbeitet, beispielsweise eine eigene Schloss-Linie, wie Apfelmarmelade oder auch getrocknete Äpfel, Apfel-Cidre vielleicht, Brombeergelee, Himbeer-Fruchtaufstriche, Pflaumenmus, Kirschkonfitüre.«

»Ich kann alte Rezepte meiner Großmutter für Marmeladen beisteuern und sie kochen!«, begeisterte sich Emmi.

»Super!«, freute sich Trixi. »Unsere Schlossküche wird eine Marmeladenküche!«

»Der Garten ist ein Traum!«, fuhr Veronika fort. »Im Park finden sich viele alte Rosensorten. Wir können für Interessierte einen speziellen Rosentag einführen. Es gibt übrigens auch Rosengelee, Rosenwasser und Rosenseife. Alles Dinge fürs Schlosslädchen.

Jedes Jahr werden wir in Zukunft ein Apfelfest organisieren. Der Name erklärt sich von selbst. Vom Apfelkuchen über Apfelmus ... hier brauche ich nichts weiter auszuführen. Zudem sollte es eine Woche geben, wo der Schlosspark für das Publikum abends geöffnet und illuminiert wird. Tage des Lichts sozusagen, man könnte es auch *Licht und Schatten Woche* nennen. Viele Fackeln, beleuchtete Bäume und Sträucher und Musik sowie Essen und Trinken natürlich.«

»Natürlich!«, warf Rick wieder süffisant ein. »Essen liegt Ihnen ja.« Er ließ einen Blick über ihren Körper gleiten.

»Rick, lass Frau Meinel ausreden!«, maßregelte Trixi ihn. Am liebsten hätte sie ihn vom Tisch gefegt! Sie hätte sich doch mit Veronika und Emmi alleine zusammensetzen sollen!

»Musikabende sind eine weitere gute Option! Schloss Schlomberg ist ein Barockschloss. Warum keine Abende gestalten mit Musik aus dieser Epoche? Dafür gibt es genügend Liebhaber.«

»Apropos Barock!« Rick konnte das Sticheln nicht lassen. Er lehnte sich genüsslich in seinem Gartenstuhl zurück und verschränkte die Arme vor der Brust. »Wir haben ein Barock-Schloss, Sie haben eine Barock-Figur! So steht einer Zusammenarbeit nichts mehr im Wege.«

Trixi hielt den Atem an, Emmi war peinlichst berührt, Lars blickte verlegen zur Seite. Und dann passierte etwas, womit niemand gerechnet hatte.

Veronika straffte sich. Kalt sah sie Rick an.

»Glauben Sie mir, Graf von Schlomberg, ich habe die letzten Nächte wenig Schlaf gehabt, um dieses Konzept pünktlich und so umfangreich wie möglich in der kurzen, zur Verfügung stehenden Zeit auszuarbeiten. Ich persönlich finde, mir ist da etwas sehr Gutes, Tragfähiges gelungen. Doch ich muss mich keinesfalls ständig von Ihnen beleidigen lassen. Das habe ich nicht nötig. Meine Agentur läuft auch ohne Ihr Barock-Schloss gut, das allerdings einer Barock-Figur wie meiner sowieso wohl kaum bedarf.«

Sie sammelte flink die Handouts ein. »Die Stunden für die Erstellung dieser Präsentation mit Vermarktungsmöglichkeiten stelle ich Ihnen in Rechnung. Das halte ich für mehr als legitim.« Dann griff sie ihre Handtasche. »Eigentlich hatte ich von Ihnen bessere Manieren erwartet, bei Ihrem familiären Hintergrund. Ich darf mich verabschieden.«

Sie ging einige Schritte und drehte sich noch einmal um.

»Wissen Sie, was Sie sind, Graf von Schlomberg? Sie sind ein gräflicher schnöseliger Stinkmuffel!«

Und ehe sich alle versahen, war Veronika schon hoch erhobenen Hauptes verschwunden. Man hörte nur noch das Tock-Tock ihrer Schuhe.

Trixis Schreckstarre löste sich.

»Was fällt dir ein?«, schrie sie ihren Bruder an. »Wie kommst du dazu, Veronika so zu beleidigen? Wo ist deine Erziehung geblieben?«

»Ich habe es doch nicht so gemeint ...!«

»Sei froh, dass Lars und Emmi noch hier sitzen, sonst hätte ich dir jetzt so eine übergebraten, dass du zahnärztliche Hilfe in Anspruch nehmen müsstest.«

Dann spurtete sie in aller Eile hinter Veronika her.

♥ 15 ♥

Veronika hatte gerade ihr Auto erreicht, als sie Trixi rufen hörte.

»Warte, Veronika, bitte!«

Sie hielt inne. Trixi kam heran und nahm sie sofort in die Arme. Sie sah, dass in Veronikas Augen Tränen schwammen. »Es tut mir so leid! Ich entschuldige mich in aller Form für meinen unmöglichen Bruder.«

»Du kannst ja nichts dafür.« Ihre Stimme zitterte. »Aber ich kann so respektlos nicht mit mir umgehen lassen, nur weil er Geld hat und ich für euch arbeite. Wie soll denn da die Zukunft aussehen? Sorry, Trixi. Ich bin raus! Beauftragt jemand anders. Ich stehe nicht mehr zur Verfügung.«

Damit wand sie sich aus Trixis Umarmung und wollte in ihren Wagen einsteigen.

»Veronika, bleib! Ich habe es dir noch gar nicht gesagt: *Ich* mache in Zukunft das Schloss allein. Mein Bruder hat es abgelehnt, sich hier zu engagieren, ihm ist sein Job und seine Medizin-Karriere wichtiger! Ich hätte das Gespräch mit dir alleine führen sollen! *Ich* bin die Auftraggeberin! Er hat damit gar nichts zu tun!«

Veronika stutzte. »Gut. Dann lass uns nächste Woche telefonieren.«

»Komm bitte wieder rein! Dein Konzept ist großartig! Wir wollten es doch heute feiern und ausdiskutieren. Ich sorge dafür, dass er sich bei dir in aller Form entschuldigt.«

»Nein! Das würde in der augenblicklichen Situation nichts bringen. Ich möchte jetzt einfach nach Hause.«

»Aber ich habe doch einen Exklusiv-Vertrag für dich!«

»Heute nicht, Trixi. Nächste Woche vielleicht. Lass mir Zeit.«

Trixi merkte, dass sie ihre enttäuschte, verletzte Freundin nicht weiter bedrängen sollte und ließ sie fahren.

Wutschnaubend ging sie zurück. Emmi war verschwunden. Nur Lars und Rick saßen noch am Tisch.

»Hau ab! Verschwinde von meiner Terrasse! Und das schnell!«, fauchte sie ihren Bruder an. »Du hast den Gipfel erreicht – den Gipfel deines Größenwahns.«

Rick wollte sich jedoch kein schlechtes Gewissen machen lassen. »Na«, meinte er in seiner ironischen Art, »ich bin somit wenigstens oben angekommen.«

»Stimmt, Bruder! Aber ab jetzt geht es für dich nämlich nur noch bergab!«

Rick stand auf. »Gut, wenn ihr so rumzickt, ihr Weiber, dann macht euren Kram gefälligst allein!«

»Das war vorher doch sowieso schon klar, und das ist auch mehr als notwendig! *Ich* führe die Geschäfte des Schlosses in Zukunft. Und du wirst bei keiner einzigen Verhandlung mehr dabei sein, das schwöre ich dir!«

Und dann setzte Trixi noch einen Satz hinzu, der Rick viel mehr berührte als ihre harschen Worten vorher.

»Gott sei Dank hat Papa dein mieses Verhalten nicht mitbekommen! Er hätte sich in Grund und Boden für dich und unsere Familie geschämt.«

Mit versteinertem Gesicht stand Rick auf. »Komm, Lars, gehen wir!«

Doch Lars antwortete: »Ich komme gleich nach!«

Rick sah ihn überrascht an, sagte aber nichts mehr, sondern ging.

Trixi ließ sich auf einen Stuhl plumpsen. »Ich fasse nicht, was gerade passiert ist, Lars! Wie kann eine Situation so außer Kontrolle geraten? Man sitzt machtlos dabei, wenn einem die Zukunft mit wenigen Worten zerbröselt wird.«

Lars setzte sich neben Trixi und nahm ihre Hand. Wenn sie mir die jetzt wegzieht, verstehe ich das. Schon wieder ein Tag, wo ich hier bin und alles geht schief! Schlossgeist Lars!

»Ich könnte so losheulen!« Aus Trixis Stimme klang die pure Verzweiflung.

»Es wird sich alles wieder einrenken, glaub mir! Rick wollte sicherlich besonders witzig sein. Da er in Zukunft ja nix mehr zu melden hat, musste er es halt heute tun!«

»Das heißt noch lange nicht, dass er mit Beleidigungen um sich werfen kann, dieser Chauvi! Nur weil diese Durchschnitts-Doofies, die er nudelt, Traummaße haben? Ich möchte Veronika mit ihren genialen Ideen unter Vertrag haben! Was fällt ihm ein, so ins Persönliche zu gehen?«

»Er ist halt weit übers Ziel hinausgeschossen. Was hältst du davon, wenn ich gleich mit ihm rede? So von Mann zu Mann?«

»Mach das. Wasch ihm den Kopf auf deine Art!«

Da hob Lars Trixis Kinn mit seinem Zeigefinger hoch. »Du bist süß, wenn du dich aufregst!«

Und dann tat er das, was er sich seit Monaten immer wieder erträumt hatte. Ganz zart küsste er ihre Lippen. Sie hielt genussvoll die Augen geschlossen. Das ermutigte ihn zu einem sanften Zungenkuss, den sie beantwortete und ihm die Arme um den Hals schlang.

»Trixi, ich ...!«

»Sscht!«, sie legte ihm den Zeigefinger auf die Lippen und lächelte ihn liebevoll an. »Jetzt ist keine Redezeit! Küss mich bitte noch einmal!«

Das ließ Lars sich nicht zweimal sagen.

Etwas später ging er rüber zu Rick. Trixi hatte ihm das Versprechen abgenommen, nach dem Gespräch von Mann zu Mann wieder zu ihr rüberzukommen ...

»Was hast du dir nur dabei gedacht, so kenne ich dich gar nicht!« Lars saß mit einem Bier im Garten von Rick.

»Mensch, die Meinel war aber heute auch sensibel! Wir haben doch sonst auch immer gescherzt!«

»Leider scherzt du grundsätzlich auf *ihre* Kosten! Das musste ja mal in die Hose gehen!«

»Echt blöd gelaufen! Dabei finde ich ihre Ideen durchaus fundiert. Was mache ich jetzt?«

»Das, was ein Mann macht! Sich entschuldigen!«

Rick stieß die Luft aus und verdrehte die Augen. »Warum sind Frauen gleich so angepickt?«

»Sag mal«, Lars beugte sich nun vor, »du kapierst gar nichts, wie? Hast du noch nie eine Beziehung zu einer Frau gehabt, die dein Herz zutiefst berührt hat? Man spricht kein Mädchen auf ihre Figur an, jedenfalls nicht, wenn sie nicht perfekt ist.«

»Also muss ich mich entschuldigen! Ist ein Riesenstrauß Blumen angebracht? Dann gebe ich den jetzt in Auftrag.«

»Die erste vernünftige Idee von dir heute, Rick!«

Veronika kam völlig am Boden zerstört zu Hause an. Sie konnte nicht verhindern, dass sie zitterte, vor Wut, vor Enttäuschung.

Nie hätte sie an so einen niederschmetternden Ausgang des Treffens gedacht! Wie hatte sie sich auf diesen Auftrag gefreut, der sie aller Sorgen für die Zukunft entheben würde. Mit Energie hatte sie sich in die Ausarbeitung gestürzt, die Nächte investiert. Der Abschluss war zum Greifen nahe gewesen!

Wie gut, dass sie geistesgegenwärtig die Handouts

wieder eingesammelt hatte! Ihre detaillierten Planungen blieben bei ihr!

Trixi hatte ihr zwar noch gesagt, dass sie nun allein verantwortlich wäre – aber sie wollte diesen Grafen nicht mehr sehen. Am Anfang fand sie den gut aussehenden Bruder von Trixi sehr sympathisch und seine kleinen Sticheleien witzig.

Doch heute war das Fass nicht nur voll, es war übergelaufen! Vielleicht lag es auch daran, dass sie morgens auf der Waage gestanden und sich mal schnell zwei Kilo dazugesellt hatten, anstatt abgeschmolzen waren. Egal. Das Desaster war passiert. Sie brauchte jetzt erst einmal eine Atempause.

Aber Ruhe sollte sie nicht bekommen, denn keine Dreiviertelstunde später klingelte es. Vor ihr stand eine Blumenbotin mit einem Riesenstrauß und plapperte gleich munter drauf los.

»Noch niemals habe ich so einen prachtvollen Blumenstrauß ausgeliefert, und ich fahre schon elf Jahre Sträuße durch die Gegend!«

Als Veronika nichts sagte, sondern sprachlos auf das Meer aus Blumen starrte, sprudelte sie direkt weiter. »Er kommt von Schloss Schlomberg! Vom Grafen! Bisher hatten wir noch nie einen Auftrag vom Schloss! Was haben Sie ein Glück!«

»Kostet es was, wenn Sie den Strauß jetzt zum Schloss zurückliefern?«

»Nein! Aber die Blumen sind für *Sie*!«

Veronika entnahm dem Strauß einen kleinen Umschlag, der nur zusammengesteckt war. *Sorry!* war alles, was draufstand. »Pah!«, entfuhr es ihr. Sie griff ihre Handtasche von der Garderobe und holte ihr Portemonnaie heraus.

»Bringen Sie die Blumen zum Grafen und richten Sie ihm aus, ich sähe mich außerstande, das Geschenk anzunehmen.«

Die Botin starrte sie mit großen Augen an. »Äh ... ja ... Sie wären was? Das muss ich mir eben notieren!«

»Brauchen Sie nicht. Sagen Sie schlichtweg, ich will ihn nicht!«

Dann drückte sie der verdutzten Botin einen 20-Euro-Schein in die Hand. »Für Ihre Mühe, aufs Land rauszufahren.« Und ohne ein weiteres Wort schloss sie die Tür.

Der hat doch einen Oberknall, ärgerte sich Veronika. Zuckerbrot und Peitsche! Vergiss es, Macho-Graf! Damit kannst du vielleicht bei deinen fettfreien, klapperdürren, abgezehrten Model-Tussis punkten, aber nicht bei mir!

Sie nahm ihren Wohnungsschlüssel und lief rüber zum Nachbarhaus.

»Hey, Veronika, du schon hier?« Ihre Freundin Esther war überrascht.

»Ja, die Vertragsunterzeichnung verschiebt sich.«

»Na, dann komm rein. Wir essen gerade Abendbrot. Ich hab Lasagne gemacht. Es ist genug da.«

»Auja, das wäre jetzt echtes Seelenfutter für mich!«

Eine Stunde später und nach eindringlichem ausführlichen Männergespräch wollte Lars gerade zu Trixi gehen, als ein Megasstrauß gebracht wurde.

»Die Frau Meinel hat gesagt, sie will ihn nicht!«, tat die Botin kund. Neugierig musterte sie den jungen Grafen und dachte, *ich* hätte ihn genommen. Und den gut aussehenden Grafen ebenfalls. Das erste Mal sah sie ihn persönlich, und nicht nur auf einem Bild in der Zeitung. Ehrfürchtig fuhr sie in die Stadt zurück.

»Das ist doch wohl der Gipfel!«, schäumte Rick. »Wie ungezogen!« Mitsamt dem Strauß stürmte er in den Südflügel zu seiner Schwester, Lars im Schlepptau.

»Da entschuldige ich mich mit diesem Prachtteil hier, und diese unmögliche Person schickt ihn mir zurück! Wie stillos ist das denn?«

Trixi war zuerst verwirrt, bis sie eins und eins zusammenzählte.

Lars grinste. »Also, ich finde Veronika weder unmöglich noch stillos. Meines Erachtens ist sie gradlinig und bewundernswert.«

»Du bist mein Freund und fällst mir in den Rücken?«, beschwerte sich Rick.

»Wie schön«, kicherte Trixi, »endlich mal eine Frau, die dich nicht nur dümmlich anhimmelt, sondern eine, die dir zeigt, wo der Hammer hängt. Du darfst dich jetzt fühlen wie Elvis: Return to Sender!«

Lars und Trixi machten Hand in Hand einen Spaziergang durch den Schlossgarten in Richtung des Sommerhauses. Trixi berichtete ihm von dem erfolgreichen Deal mit der Krankenschwester, den Veronika eingestielt hatte.

»Sie wird hier im Sommerhaus wohnen, solange unser Vater sie braucht. Ich bin sehr glücklich über diese Möglichkeit.«

»Da freue ich mich mit. Veronika ist schon eine erstaunliche Person. Sie findet Lösungen für alle Lebenslagen.«

»Und sie ist mir in den letzten Monaten eine echte Freundin geworden. Ich werde sie morgen anrufen. Dann hat sie eine Nacht drüber geschlafen und kann meinem besemmelten Bruder vielleicht verzeihen. Ich werde ihr sagen, dass ich ihn weitestgehend von ihr fernhalten werde.«

Lars blieb stehen und drehte Trixi zu sich. »Wir sollten ab diesem Augenblick nur an uns denken.« Und dann erzählte er ihr von seiner Lüge mit den Musical-Karten.

Trixi fand das zu süß und umarmte ihn glücklich.

Lars flüsterte in ihr Ohr. »Es wird langsam dunkel, wir sind von duftenden Rosen und Lavendel umgeben.«

»Du meinst von den Resten der Rosenblüte und dem ausgewachsenen Lavendel«, kicherte Trixi.

»Mensch, mach mir meine romantische Stimmung doch nicht kaputt! Wenn man frisch verliebt ist, ist alles schön!«

♥ 16 ♥

Wutschnaubend lief Rick mit großen kräftigen Schritten zurück in seinen Wohnbereich. Den Strauß hatte er noch in der Hand. Das hatte sich bisher KEINE ihm gegenüber erlaubt! Ganz tief im Inneren zollte er Frau Meinel Respekt, was ihn nur noch wütender machte. Es ging schließlich um ihr Geld – aber anscheinend ließ sie sich nicht verbiegen. Wohltuend gradlinig, wie Lars schon gesagt hatte. Jedoch zugeben würde er es niemals!

Dann plötzlich hatte er eine Idee. Er würde ihr den Strauß persönlich bringen! Er hatte ja nicht nur ihr, sondern ebenfalls Trixi gegenüber etwas wieder gutzumachen. Frau Meinel war ganz entschieden die richtige Person, um das Schloss in die Moderne zu führen. Und gemeinsam mit Trixi sicherlich ein kaum zu schlagendes Gespann. Aber auch das würde er nicht kundtun, lieber erst einmal Schadensbegrenzung betreiben.

Er suchte die Privatadresse von Veronika heraus, tippte sie in das Navi und sauste los. Der Blumenstrauß war so wuchtig, dass er ihm auf der Beifahrerseite zum Teil die Sicht nahm. Selbst in seinen Augen als Mann waren die Blumen prächtig. Und die Meinel hatte den Strauß zurückgeschickt ... tz ... unfassbar!

Er hatte das Wohngebiet erreicht. Kleine hübsche Reihenhäuser säumten die breite Straße. Viele typische Familienautos waren hier geparkt. Die Nummer 14, linksseitig musste sie liegen. Aha! Gefunden! Er hätte die Meinel in ihren Business-Kostümen und den High Heels, der akkuraten Frisur und dem stets hervorragend geschminkten Gesicht eher in eine mondäne Penthouse-

Wohnung gesteckt. Eine Reihenhaussiedlung! Na so was! Selbst hier sorgte dieses proppere Wesen für weitere Überraschungen!

Er parkte ein bisschen weiter weg die Straße hinunter und schleppte den Strauß zur Nummer 14. Meinel las er auf dem Namensschild. Na dann ... er räusperte sich noch einmal, straffte sich und klingelte.

Keine Reaktion, obwohl ihr Wagen vor der Tür stand. Er wollte gerade erneut schellen, als sich die Tür öffnete. Ein kleiner Junge strahlte ihn an. »Hallo«, sagte der Knirps.

»Äh ... hallo ... also, ich möchte ...« Weiter kam er nicht, denn der Junge rief: »MAAAMA! Da ist jemand für dich! Der hat Blumen!«

»Louis!«, hörte Rick die wohlbekannte Stimme von Veronika Meinel, »wie oft habe ich dir gesagt, du sollst nicht einfach öffnen!« Mit einem Trockentuch in den Händen kam sie um die Ecke.

Sie erstarrte. Rick blinzelte, denn so einen Anblick hatte er nicht erwartet. Veronika trug ein weit wallendes Sommerkleid und war barfuß. Ihre sonst so sorgsam hochgesteckte Haare, von denen normalerweise keins wagte, aus der Reihe zu tanzen, lagen in weichen blonden Wellen um ihren Kopf und reichten ihr fast bis zur Taille. Keine Spur mehr von dem Kleber, den sie für gewöhnlich im Haar hatte. Es gab weder einen geschminkten Mund noch dramatische Smokey Eyes. Und plötzlich schaute er auf sie runter – na klar, die Schuhe!

Einen Augenblick trafen sich ihre Blicke. Aber schon rief der Kleine: »Wow, sind das schöne Blümchen. Sind die für Mama? Soll ich eine Vase holen?«

Jetzt ergriff Rick die Initiative. »Da Sie meine Blumen und meine Entschuldigung per Boten verschmäht haben, bin ich persönlich gekommen, um Abbitte zu leisten.«

»Tja ... dann ... kommen Sie doch ganz kurz herein!«

Sie gab den Weg ins Haus frei und Rick trat ein. Neugierig sah er sich um. Es war gemütlich eingerichtet.

Der kleine Knirps kam freudig mit einer Vase angerannt. »Weißt du«, sagte er und zupfte Rick am Ärmel, »Mama mag Blumen gerne, besonders die hier!«, und er zeigte auf die Rosen.

»Louis, es ist sowieso schon spät! Du machst dich bitte fertig fürs Bett, aber du darfst noch ein bisschen in deinem Zimmer spielen. Ich komme gleich!«

»Okidoki, Mama!« Der Kleine lief die schmalen Treppen ins Obergeschoss hinauf.

Ein wenig verlegen standen sie nun im Flur.

»Dann gebe ich den Blumen mal Wasser. Sie können ja nichts dafür!«, meinte Veronika und hoffte, er würde sich verabschieden. Er tat es nicht, so blieb ihr nichts anderes über, als ihm etwas anzubieten.

Rick nahm an. »Gerne! Ein Mineralwasser wäre gut, es ist doch noch sehr warm draußen!«

Eine Minute später stand der bombastische Strauß im Wohnzimmer auf der Erde am Terrassenfenster und Rick saß in einem bequemen Sessel. Veronika hatte sich ihm gegenüber auf die Couch gesetzt, allerdings mit steifem geraden Rücken.

»Ich habe Sie noch nie mit offenen Haaren gesehen!« Rick konnte seine Bewunderung kaum zurückhalten. »Es steht Ihnen sehr gut!«

»Danke. Das aber ist die private Veronika Meinel.«

»Ich habe nicht gewusst, dass Sie einen Sohn haben.«

»Das geht Sie auch nichts an.«

Natürlich.« Verlegen kratzte er sich an der Nase.

»Nun, was wollen Sie mir sagen, Graf?«

»Ich möchte mich nochmals in aller Form entschuldigen. Ich bin da wohl etwas über das Ziel hinausgeschossen. Ich möchte Sie bitten, das Projekt Apfelschloss, wie Sie es so schön genannt haben, mit meiner Schwester zu verwirklichen. Ihre Ideen haben mich sehr angesprochen und ich denke, dass Sie die richtige Person für die Ausführungen sind.«

Nun war es raus. Man sah ihm an, dass ihm diese Sätze nicht leicht gefallen waren.

»Meine Figur könnte dabei hinderlich sein!« Veronika sah ihn kalt an.

»Eins verspreche ich Ihnen: Ich werde nie wieder etwas Diesbezügliches ... so etwas Dummes ... sagen.«

»Aha!«

»Ich gebe Ihnen mein Ehrenwort.«

In diesem Augenblick erschien Louis im Wohnzimmer. »Wenn du schwörst, musst du das anders machen.« Der Kleine hob Zeige- und Mittelfinger wie zum Schwur nach oben. »So geht das!«

Rick lächelte. »Da hast du recht!«

»Dann mach auch!«, beharrte der Kleine.

»Louis, ich habe dir gesagt, du sollst in deinem Zimmer bleiben!« Veronikas Ton hatte eine gewisse Schärfe.

»Aber ich kann nicht weiterspielen. Das Rad vom Traktor ist ab! Ich krieg es nicht wieder dran.«

»Dann nimm etwas anderes zum Spielen! Ich komme gleich. Unser Besuch wollte sowieso gerade gehen!«

Paff, dachte Rick, was für ein galanter Rausschmiss! Aber warte, du Mistbienchen, dem wirken wir jetzt entgegen, und resolut sagte er: »Das ist Männerarbeit! Zeig mir mal deinen Traktor und ich gucke, ob ich ihn reparieren kann.«

Schon zog Louis ihn aus dem Sessel heraus und die

Treppen ins Obergeschoss hoch.

Um in Louis Zimmer zu gelangen, musste er an einer geöffneten Tür vorbei. Es war Veronikas Schlafzimmer. Helle Töne dominierten das Bild. Das breite Bett trug Rosenbettwäsche. Er lächelte in sich hinein. Dann fand er sich auf dem Boden sitzend wieder, in einer Hand den Traktor, in der anderen das Rad. Verflixt, so einfach war die Technik gar nicht. Er hatte seit seiner Kindheit keinen Spielzeugtraktor mehr in der Hand gehabt, und diese modernen Dinger waren voll technisiert. Aber er schaffte es und erklärte dem Jungen auch, wie er das gemacht hatte.

»Danke!«, freute sich Louis und fragte: »Bleibst du noch ein bisschen?«

»Warum?«

»Weil ich dann länger aufbleiben kann!«

Rick lachte auf und ging wieder ins Erdgeschoss.

Veronika erwartete ihn bereits im Flur. Geschickt gemacht, dachte er, so kam er gar nicht mehr erst ins Wohnzimmer. Sie hat was! Sie erreicht, was sie möchte, ohne abweisend zu wirken. Eine Kunst, die er nicht beherrschte.

Ja, sie war genau die richtige Repräsentantin ihres Schlosses! Sie würde wunderbar mit schwierigen Menschen umgehen können.

Doch so ganz schnell wollte er sich nicht abspeisen lassen.

»Warum haben Sie nichts von Ihrem Sohn erzählt?«, fragte er, aufrichtig interessiert.

Das merkte auch Veronika, und so gab sie ihm die gewünschte Erklärung, obwohl sie sich vorgenommen hatte, dies keinesfalls zu tun.

»Ich war im letzten Drittel der Schwangerschaft, als bei

meinem Mann eine der aggressivsten Krebsarten diagnostiziert wurde. Von der Diagnosestellung bis zu seinem Tod sind nicht einmal sieben Monate vergangen. So stand ich mit dem Baby, dass wir beide uns so gewünscht hatten, plötzlich alleine da. Das Haus hatten wir auch erst gekauft. Ich habe mich auf mein Marketing-Studium besonnen und mit der Event-Agentur selbstständig gemacht, aber nicht damit gerechnet, dass man als junge Mutter anders betrachtet wird als eine alleinstehende Geschäftsfrau ohne Kind.«

»Aber das ist doch Quatsch!«, warf Rick ein.

»Das ist die nackte, kalte Realität! Keiner traut einer jungen Mutter die Ausrichtung von Hochzeiten oder Tagungen zu. Eine Mama ist mit den Gedanken nicht dabei, sie fällt ständig aus, ist übermüdet, so zumindest die Vorurteile. Die Aufträge, die so hoffnungsfroh schienen, wurden storniert oder kamen erst gar nicht zustande. Erst als ich mein familiäres Posting auf der Homepage gelöscht hatte, konnte ich lohnende Aufträge erhaschen. Glauben Sie mir, ich bin lange genug auf dem Zahnfleisch gekrochen, um zu wissen, wie notwendig das tägliche Geld ist. Besonders mit Kind.«

Rick sah in ihre ernsthaften blauen Augen. Er bemerkte auch wieder den strengen Zug um den Mund, der ihm bei der ersten Begegnung schon aufgefallen war.

»Meine Nachbarin ist gleichzeitig meine Freundin geworden«, fuhr sie fort. »Sie nimmt Louis, wenn ich beruflich unterwegs bin, weil ihr Sohn Marc im gleichen Alter wie Louis ist.« Und dann setzte sie, mit einem Hauch Traurigkeit in der Stimme dazu: »Nur Marc hat seinen Vater noch.«

Verdammt, sie war eine toughe Frau, die mit beiden Beinen im Leben stand, aber in diesem Augenblick wirkte sie verletzlich. Am liebsten hätte er ihr über das offene Haar gestrichen, das wie flüssige Seide wirkte.

»Frau Meinel«, er reichte ihr die Hand, »schließen Sie den Vertrag mit meiner Schwester ab, und bringen Sie, wenn Not am Mann ist, Louis ruhig mit ins Schloss. Dort gibt es genügend Platz zum Spielen und Toben.«

Dann drehte sich Rick um und verließ das Haus.

Auf dem Rückweg dachte er an Entspannung – und damit an Melissa. Obwohl er ihr eigentlich für heute Abend abgesagt hatte, weil sie den Vertragsabschluss feiern wollten, wählte er sie an. Er brauchte jetzt unbedingt Ablenkung, und Melissas körperliche Vorzüge würden schon dafür sorgen.

»Melissa Kubiiier!«, tönte ihre Stimme laut und schrill ins Telefon, wobei sie das I schrecklich in die Länge und Höhe zog. Damit hatte er genug. Sie sah doch genau, dass er anrief, warum diese Show? Ein einfaches Hallo hätte gereicht!

»Ich wollte nur für morgen absagen – eine Familiensache ...«

»Oh nein! Ich habe mich so gefreut, Ricky!«

Er holte tief Luft und hätte sie am liebsten angeherrscht: Sag nicht Ricky zu mir!

»Ich melde mich nächste Woche.« Und dann klickte er das Gespräch weg.

Zurück im Schloss, wäre er zu gerne rüber zu Trixi und Lars gegangen. Aber er wusste genau, dass er da besser jetzt nicht stören sollte. Mist, das Wochenende hatte er sich selbst zerschossen. So begann er, seinen Vortrag vorzubereiten, den er in einer Woche in Berlin halten wollte. Eigentlich hatte er angedacht, Melissa mitzunehmen. Doch dazu verspürte er gegenwärtig überhaupt keine Lust mehr.

Später gönnte er sich einen Cognac, aber dieses Mal entspannte ihn weder der Duft noch der Geschmack.

♥ 17 ♥

»Das war meine schönste Nacht ever!« Lars küsste Trixi in den Nacken, sie lag auf dem Bauch und hatte die Augen fest geschlossen. Was für ein herrlicher Kontrast – die pinkfarbene Bettwäsche, das schwarze Haar, ein Körper wie Porzellan.

»Hm, du hast so eine weiche Haut!« Er ließ seine Finger sanft über ihren schmalen Rücken gleiten.

»Mach weiter!«, hauchte Trixi und stöhnte leise auf.

Er spürte, wie sich eine leichte Gänsehaut bei ihr bildete, arbeitete sich küssend die Wirbelsäule herab, bis Trixi es nicht mehr aushielt und sich langsam umdrehte.

»*Das* hättest du jetzt nicht tun dürfen!«, flüsterte Lars ihr ins Ohr. Und dann beschäftigten sie sich die nächsten beiden Stunden intensiv miteinander ...

Am Samstagnachmittag rief Trixi bei Veronika an und musste von dem Überraschungsbesuch ihres Bruders erfahren. Was war nur mit Rick los? Erst rumstänkern, dann entschuldigen – und das persönlich? Er? Unglaublich! Nichtsdestotrotz rechnete sie ihm das jetzt an, zumindest hatte er versucht, den Schaden zu minimieren.

»Magst du morgen noch mal rauskommen, Veronika? Ich möchte gerne die Konditionen für deinen Vertrag mit dir aushandeln. Und du hast mir doch gesagt, du würdest mit mir auf den Dachboden krabbeln.«

»Trixi, sei mir nicht böse, aber es geht nicht. Morgen ist Sonntag und ich habe Louis versprochen, mit ihm in den Tierpark zu gehen, weil er in der letzten Zeit eh schon zu kurz kam.«

Trixi verstand das, und sie verabredeten sich für den

kommenden Montag.

Im Nachhinein war sie wegen der Verschiebung gar nicht traurig, denn Lars blieb das Wochenende bei ihr.

Sie liebten sich so intensiv, als würden sie das komplette nächste Jahr aufeinander verzichten müssen.

Als die neue Woche begann, war Trixi energiegeladen wie schon lange nicht mehr.

Bestens gelaunt flitzte sie nach der Abfahrt von Lars in die Küche, umarmte Emmi stürmisch und tanzte mit ihr.

»Ich bin so verliebt, Emmi! Ich glaube, dieses Mal hab ich ein supergeiles Zeitfenster erwischt!«

Emmi lachte. »Ich freu mich für dich!« Sie strich ihr über das schwarze Haar. »Aber was mir das ganze Wochenende Sorge gemacht hat ... was ist mit Veronika?«

Trixi gab Entwarnung. »Sie kommt nachher. Wir sprechen den Vertrag durch und ich denke, wir kommen zusammen. Das, liebe Emmi, bedeutet jedoch für dich, du wirst unsere Marmeladen-Mamsell.«

»Ich wünsche mir nichts sehnlicher!«, freute sich Emmi. »Ich hab in weiser Voraussicht am Wochenende schon mal verschiedene Rezepte rausgesucht. Wir können Zukunftspläne der konfitürigen Art schmieden.«

Trixi lachte. »Machst du mir bitte deinen weltbesten Cappuccino? Danach fahre ich in die Klinik, berichte Papa und freue mich auf Veronika. Kannst du uns etwas total Leckeres zum Kaffee vorbereiten? Bestechungs-Food sozusagen. Veronika und ich sind dann nämlich bereits im Dachboden rumgestromert und haben sicherlich Appetit!«

»Wie wären Waffeln mit rosa Sahne?«

»Perfekt, Emmi! Du bist ein Schatz!«

Noch während Trixi ihren Cappuccino genüsslich

schlürfte, bimmelte ihr Handy.

»Heute ist ein echter Glückstag!«, jubelte sie kurz danach. »Miriam, die Krankenschwester, wird in Kürze hierher ziehen!«

»Dann hab ich ja ein Mäulchen mehr zu füttern«, strahlte Emmi.

»Mal sehen, sie hat ja eine Küche drüben. Schauen wir, wie sie sich entscheidet.«

Miriam hatte noch genau fünf Tage Dienst. Danach würde sich ihr Leben ändern.

»Man muss auch mal total mutig sein, etwas wagen und voller Zuversicht in die Zukunft hüpfen!«, hatte ihr Veronika nochmals zugerufen, als sie Miriam nach dem Gespräch mit der Gräfin wieder zu Hause abgesetzt hatte.

Dann hatte sie tatsächlich gekündigt. Um überhaupt gehen zu können, unterschrieb sie einen Aufhebungsvertrag, eine normale Kündigungszeit wäre zu lange gewesen. Ihr Chef war wenig begeistert, obwohl er zugab, dass er an ihrer Stelle diese Chance ebenfalls ergriffen hätte.

In ihrer Wohnung hatte sie schon alles zusammengepackt. Viel war es ja sowieso nicht, aber doch ein bisschen was an schönem Geschirr und Deko. Ein Großteil ihrer persönlichen Dinge war sogar noch in Kisten verpackt genauso wie an dem Tag, als sie schweren Herzens in das schäbige kleine Appartement einzog. Das einzig wirklich sperrige Teil war der Fernseher.

Veronika hatte ihr, wie es so ihre Art war, angeboten, die wenigen Habseligkeiten in ihr neues Reich zu transportieren.

»Das kriegen wir wahrscheinlich in einer Fuhre zum

Schloss. Und wenn nicht, auch kein Drama, dann fahre ich eben zweimal!«

Miriam konnte den Umzug kaum erwarten. Ständig dachte sie an das hübsche Häuschen, dass sie in Zukunft bewohnen würde. So viel Platz ganz für sich allein!

Die Gräfin hatte ihr angeboten, Frühstück und Mittagessen in der Schlossküche einzunehmen. Aber das wollte sie nicht. Für sie sollte keine Haushälterin das Essen machen. Sie würde diesen kleinen Punkt der Selbstständigkeit behalten und ihre Mahlzeiten selbst zubereiten.

Wie oft hatte sie inbrünstig gebetet: »Liebe Engel, bitte helft mir aus dieser miesen Situation in der Klinik heraus. Wie ist egal, macht mal, Hauptsache, es ändert sich etwas zum Positiven!« Und jetzt hatte sich alles geändert; völlig außerhalb ihrer Vorstellungskraft, aber wie gewünscht zum Guten. Und schon war sie wieder gedämpft, denn sie wusste ja noch nicht, wie der Graf sein würde. Wäre er ein nörgeliger Patient oder eher von der geduldigen Art?

Geduld gehörte augenblicklich nicht zu Graf Bernhards hervorstechenden Eigenschaften. Ihm ging alles viel zu langsam.

Er hatte Trixi zugehört und wollte kommentieren. Die Antwort war auch in seinem Kopf vorhanden, nur konnte sie nicht raus in die Welt. Wütend haute er mit der gesunden Hand auf sein Bett.

»Papa, nun sei doch friedlich!«, schimpfte Trixi. »Lass es bitte langsam angehen! Du brauchst noch ein paar Tage hier, dann holen wir dich nach Hause. Aber erst einmal muss der Tropf abgeschaltet sein. Am Wochenende komme ich mit Schwester Miriam und stelle sie dir vor. Benimm dich, sage ich dir, denn wenn du jetzt renitent wirst, bekommst du eine uralte, hässliche Krankenschwester, die schielt, zwei Warzen auf der Nase hat, einen Damenbart trägt und ein ultrastrenges Regiment führt!«

Ihr Vater lächelte.

Der Nachmittag ließ zwei Frauen auf Glückswolken schweben.

Veronika und Trixi saßen gemütlich in Trixis Wohnzimmer, weil es draußen Bindfäden regnete.

»Wie schön«, meinte Trixi, ich liebe diese Landregen. Für die Pflanzen wurde das auch Zeit.«

»Selbst im Regen sieht der Schlosspark fantastisch aus!« Veronika schaute begeistert aus dem Fenster. »Und wenn man dabei noch so leckere Waffeln hat ... was hältst du denn davon, wenn wir zu besonderen Festen diese Waffeln mit rosa Sahne anbieten würden?«

»Das heißt also, du steigst ein?« Trixi sah Veronika mit ihren dunklen großen Augen gespannt an.

»Ja ... wenn wir uns über den einen oder anderen Punkt noch einigen können. Ich habe mir gestern Abend dazu Gedanken gemacht.« Veronika ratterte los, Trixi hörte zu und konnte mit allem einiggehen.

Aber dann sagte ihre Freundin sehr ernst: »Eins, Trixi, ist mir ganz wichtig. Ich möchte so gut wie nichts mit deinem Bruder zu tun haben! Wenn er mitmischt, bin ich raus. Alles Geschäftliche läuft nur über uns beide oder über deinen Vater, sobald es ihm wieder gut geht. Das ist einfach meine Hauptbedingung.«

Trixi schluckte. Sie hatte gehofft, dass mit der persönlichen Entschuldigung von Rick die Fronten geklärt und nicht mehr so verhärtet wären.

»Ich versichere dir nochmals, dass ich die Geschäfte

allein übernehme. Mein Bruder ist sowieso in der kommenden Zeit wenig im Schloss, da er verschiedene Vorträge hält und zu Kongressen und Sportfesten fährt. Ich kann dir nur nicht zusichern, dass ich ihn ganz von allem fernhalten kann, er lebt schließlich hier!«

Das sah auch Veronika ein. »Aber er quatscht in nix rein, okay?«

»Darauf kannst du wetten!«

So war Veronika alle Existenzsorgen los, die sie je gehabt hatte und das Leben wurde in der Hinsicht ruhiger, dass sie nun nicht mehr um Aufträge ringen musste. Und Trixi hatte das gute Gefühl, eine Expertin am Start zu haben, die sich voll und ganz der neuen Ausrichtung des Schlosses widmen konnte, so wie ihr Vater das gewünscht hatte.

Außerdem blieb ihr der normale Brotjob erhalten. Veronika kümmerte sich um alles, wäre im Prinzip nahezu ständig auf Schloss Schlomberg präsent. Jetzt nahte der Winter, in dieser Zeit würde Veronika viele Vorarbeiten leisten. So konnte sie Mitte nächsten Jahres immer noch entscheiden, ob sie sich Vollzeit dem Apfelschloss widmen wolle – und ob dies überhaupt nötig sei.

Mit Herzklopfen unterschrieben beide und umarmten sich danach herzlich.

»Das wird begossen!«, freute sich Trixi, und über die Hausanlage rief sie Emmi. »Wir fühlen uns gerade total rosé! Bitte servier uns Sekt Rosé on Ice, Emmi. Und bring für dich ein Glas mit. Du bist nämlich seit genau zwei Minuten Schloss Schlombergs Marmsell.«

»Bitte? Was ist eine Marmsell?«

»Die Kurzform von Marmeladen-Mamsell!«

»Ich eile!«

♥ 18 ♥

Trixi gruselte es, als sie den alten Schlüssel im Schloss der dicken Holztür zum Dachboden langsam umdrehte. Die Tür öffnete sich knarrend. »Puh, irgendwie ganz schön duster!«

»Jetzt sag nicht, du bist noch nie hier oben gewesen!« Veronika sah sie verwundert an.

»Nie! Mein Vater hat die Tür grundsätzlich verschlossen gehalten. Sie hat erst diesen ominösen dicken alten Schlüssel, seit er die Undichtigkeiten im Dach festgestellt hat und mit uns den Dachboden besichtigen wollte. Aber dazu ist es ja nicht mehr gekommen.«

Veronika trat einige Schritte in den riesigen Raum. Ihre Augen mussten sich erst an die Dunkelheit gewöhnen, die nur von kleinen diffusen Lichtbändern an den Stellen durchbrochen wurden, wo Dachziegel fehlten oder durch Stürme verrutscht waren.

»Hier!« Trixi drückte ihr eine Taschenlampe in die Hand. Veronika knipste sie an und lachte auf, denn an der Wand neben ihr erkannte sie einen Schalter, den sie auch gleich bediente. Mehrere Lampen flammten auf und erhellten den riesigen Raum.

»Von wegen geheimnisvolle Suche auf dem unberührten Dachboden des alten Schlosses Schlomberg! Dein Vater hat für Elektrik gesorgt. Der Schalter ist sogar recht modern.«

»Ich fasse es nicht!«, brach es aus Trixi heraus. »Es ist sauber! Kaum Spinnweben, und sonst steht auch weniger hier, als ich vermutet habe!«

»Deinen Erzählungen nach habe ich eigentlich gedacht, wir müssen uns durchkämpfen, wie im Dschungel. Nur dort tut man es durch Lianen, ich war auf grau-weiße Schleier von Spinnweben gefasst.«

Die Vorstellung löste gleich Ekel bei Trixi aus. »Iiihiii! Ich bin ja in meiner Jugend durch Wald und Feld gekrochen, aber so Spinnen-Areale und Dunkelheit sind mir von jeher unheimlich. Irgendwie habe ich immer das Gefühl, es lauert was auf mich.«

»Die Stelle, wo es durchregnet, ist da!« Veronika zeigte auf einen Eimer, in den es tropfte. »Passt ja gut, dass es heute pieselt.«

Sie gingen zu der Regenstelle.

»Ohje, der Eimer ist ja nahezu voll! Haben wir noch einen anderen hier irgendwo?« Trixi sah sich suchend um und wurde fündig. »Ah da! Nun verstehe ich Papa. Er kann sich ja nicht bei Regen danebenstellen! Oh Mensch, und ich hab ihn so cool abfahren lassen! Da muss ich mich jetzt drum kümmern. Wir brauchen so einen Dachfuzzi.«

»Soll ich mal ein paar Kostenvoranschläge reinholen?«, bot Veronika an.

Trixi war sichtlich erleichtert. »Wenn du das machen würdest ...«

»Ich bin so nett! Aber es wird sauteuer, das sage ich dir gleich. Es gibt ja, wie du siehst, keinerlei Dämmung. Das muss gemacht werden, sonst heizt ihr euch dusselig.« Veronika sah sich um. »Da hinten in der Ecke steht einiges! Komm, wir gucken mal!«

Es waren ältere Möbelstücke.

»Wow! Die kann man aufarbeiten!« Fasziniert strich Veronika über eine Oberfläche und hinterließ eine staubfreie Spur mit ihrem Finger. »Und da! Mehrere Truhen! Als kleines Mädchen habe ich immer davon geträumt, so eine geheimnisvolle Truhe zu finden. Darin war dann natürlich ein Schatz, ich wurde Prinzessin und habe einen passenden Prinzen dazu gefunden, wir haben geheiratet, Kinder bekommen und lebten glücklich und zufrieden bis an unser Lebensende!

»Ich bin gerade wieder an einem Prinzen dran«, kicherte Trixi. »Lars und ich ...«

»War mir klar!«, lächelte Veronika. »So wie ihr euch die letzten Wochen gegenseitig umkreist habt.«

Trixi schaute sie erschreckt an.

»Ja glaubst du, ich bin doof?«, rechtfertigte sich Veronika. »Ich kenne das Verhalten geschlechtsreifer Großstädter – und jetzt das der Landbevölkerung auch!«

Gut, dass man hier in diesem unnatürlichen Licht nicht erkennen kann, dass ich soeben zur Tomate avanciere, dachte Trixi und lenkte vom Thema ab, indem sie eine Truhe öffnete. Beide sahen hinein und waren enttäuscht. Sie war leer. Die Nächste und übernächste ebenfalls.

»Na, ich glaube, staubiger brauchen wir uns nicht machen!«, resignierte Trixi.

»Wenn wir schon hier sind, schauen wir jetzt in jede rein!«

Da ist ja mal wieder typisch Veronika! Vielleicht ist sie deshalb so pfiffig, weil sie immer alles ganz genau ergründen muss, überlegte Trixi.

Die nächste kleine Truhe war auch leer, aber bei der übernächsten pfiff Veronika anerkennend durch die Zähne. »Trixi, hier! Dokumente und Bücher! Wow! Alles in schöner alter deutscher Schrift.«

Ganz sorgfältig, als könnten die Papiere zerfallen wie ägyptische Relikte in Kombination mit Sauerstoff, hob Veronika die Schriftstücke heraus.

»Jetzt brauche ich doch mal die Taschenlampe!« Sie leuchtete auf ihre Funde. »Oh, ein Buch über Heilpflanzen. Und hier eins über einheimische Kräuter!

Klasse! Und das ist ... ein Rezeptbuch! In altdeutscher Schrift! Toll!«

»Dann müssen wir davon was ausprobieren!«

»So einfach ist das nicht! Die Maßeinheiten sind schließlich anders. Und ob wir alles entziffern können? Aber ganz sicher ist das was für die Schlossführungen. Wir packen unsere schönen Funde unter Glas zur Ansicht. Das sind kleine Schätze! Komm, wir schleppen die Truhe runter und schauen dann in Ruhe, da ist ja noch mehr drin.«

»Auch gut! Hier oben ist mir alles zu grau. Ich will mich einfach wieder farbig fühlen!« Sie griente. »Am besten rosé! Los, raus! Wir müssen uns den Staub aus den Atemwegen trinken! Ich hol uns den Sekt aus der Küche!«

»Für mich nicht, ich muss gleich noch fahren!«

Gemeinsam trugen sie die kleine Truhe nach unten in Trixis Wohnbereich und betrachteten dort ihre Schätze. Ein wenig später verabschiedete sich Veronika.

»Warst du heute in dem großen Schloss, Mama?«, fragte Louis.

»Ja, ich arbeite dort, Schatzi!«

»Aber der Mann hat doch gesagt, ich kann da mal mit hin.«

Sieh mal an, dachte Veronika. Hatte er doch glatt den Satz von Graf Richard mitbekommen!

»Louis, das ist meine Arbeit, da kann ich dich nicht mitnehmen!«

»Aber der nette Mann ... ist er ein Prinz, wenn er in einem Schloss wohnt?«

»Nein, ein Graf.«

»Ah so. Ich möchte mal mit, Mama.«

»Louis, nein!«

»Warum nicht?«

»Nein! Und darüber, mein Sohn, gibt es keine Diskussion.«

Am kommenden Morgen fuhr Veronika noch einmal zum Schloss raus. Sie hatte die Unterlagen vergessen, die Trixi ihr für die Führungen zusammengestellt hatte. Wieder mehr als eine Stunde verloren!

Trixi war leider nicht da.

Wenn Veronika jemandem nicht hatte begegnen wollen, dann war es Graf Richard. Der Tag fing ja schon gut an!

»Wie geht es Ihrem kleinen Sohn?«, fragte Rick.

»Gut!«

»Ist er in der Schule?«

»Im Kindergarten. Er wird erst nächstes Jahr eingeschult. Ich habe gestern die Mappe für die Ausarbeitung der Schlossführungen hier liegen lassen. Würden Sie mir die aushändigen?«

Rick telefonierte mit Trixi, um zu hören, wo sie lag.

»Ich hole die Unterlagen. Darf ich Ihnen in der Wartezeit einen Kaffee anbieten, Frau Meinel?«

»Nein, danke!« Veronika verhielt sich sehr reserviert. »Ich habe gerade daheim Kaffee gehabt.«

Schnell war Rick zurück und überreichte ihr die umfangreiche Mappe.

»Wann werden Sie denn mit den Führungen beginnen, Frau Meinel?«

»Alle Dinge, den Vertrag betreffend, sprechen Sie doch bitte mit Ihrer Schwester durch. Auf Wiedersehen!« Damit drehte sie sich rum und war verschwunden.

Überzeugend waren wohl weder meine Blumen noch ich selbst, dachte Rick.

Rick berichtete später Trixi von Veronikas abweisendem Verhalten.

Die zuckte nur teilnahmslos mit den Schultern. »Eigene Schuld, Bruderherz! Wenn man sich als Stinkfuzzi outet, wird man eben behandelt wie ein Stinkfuzzi.«

In den folgenden Tagen arbeitete Veronika die Führung aus. Es war eine erfüllende, wunderbare Arbeit, empfand sie, da sie ganz in die Geschichte des Schlosses Schlomberg eintauchte. Die prachtvolle Epoche des Barock bot eine Fülle von Möglichkeiten, die Führung auszuschmücken. In Veronikas Unterlagen gab es auch eine Reihe privater Informationen zu den bisherigen Grafen, die sie mit einbaute.

Außerdem fand sie, dass die Führungen in Gewandung nochmals ein Highlight darstellten und so bestellte sie sich zwei Kleider. Beide waren tief dekolletiert, hatten die typischen Raffungen im weit ausgestellten Rock und einen ausladenden Reifrock für untendrunter. Auf eine Perücke verzichtete sie, ihr langes Haar konnte sie auch so aufwendig nach oben stecken.

Aber sie kaufte einen Fächer. Den führten die Damen seinerzeit mit sich, denn die Fächersprache gehörte zur damaligen Hofkultur. Damit sollte sie sich ein wenig beschäftigen, um dazu ein paar Worte sagen zu können. Was für ein Highlight!

Dass sie als Chefin der Agentur die Führungen selbst machte, war sicherlich mehr als unüblich, aber das war ihr ganz persönliches Highlight, ihr Bonbon sozusagen.

Als Kind hatte sie mit ihren Großeltern einige Schlösser besichtigt und an Führungen teilgenommen. Sie hatte es geliebt, langsam durch die großen Räume zu wandeln, um die prunkvollen Ausstattungen zu bewundern und der Stimme des Erzählenden zu lauschen. Sie verstand ja lange nicht alles, aber sie faszinierten die großen hohen Räume und die farbenprächtige Ausstattung. Nach den Führungen durfte sie sich immer ein Andenken aussuchen. Eins hatte sie heute noch, eine Schneekugel von Schloss Neuschwanstein.

Sie stellte fest, dass sie bei dieser Erinnerung an ihre Großeltern lächelte.

Brauchte sie eine Pause in der Ausarbeitung, kümmerte sie sich um andere Themen wie die technische Ausstattung der Tagungsräume und bestellte Handwerker, um die entsprechenden Vorarbeiten ausführen zu lassen.

In Absprache mit Trixi hatte sie drei Dachdeckerfirmen zum Schloss geschickt, um die Schäden zu beurteilen und Kostenvoranschläge zu erstellen.

Das Konzept des Schlosslädchens machte ihr besonders Freude. Da schwelgte sie in Hunderten von Ideen, wie man das Lädchen füllen konnte! Ihr schwebten auch schon Räumlichkeiten und Einrichtungen vor. Allerdings waren hier Umbauarbeiten erforderlich. Das musste sie erst noch mit Trixi absprechen, denn die würden nicht ganz so billig.

Das Beste an ihrer jetzigen Planungsphase war, dass sie die meisten Arbeiten von daheim erledigen konnte. Schon lange war sie nicht mehr so präsent für Louis gewesen. Und der Kleine genoss es sichtlich.

♥ 19 ♥

Die Zeit für Miriams Umzug war gekommen. Sie hatte schlecht geschlafen, ihre Gedanken kamen nicht zur Ruhe. Hatte sie die richtige Entscheidung getroffen, raus aus der Klinik, rein in ein Schloss mit einem Job, der nur schwammige Arbeitszeitgrenzen kannte?

Mittlerweile war sie zweimal im Krankenhaus bei Graf Bernhard gewesen. Sie mochte ihn und er schien ein durchaus angenehmer Patient zu werden. Er bemühte sich sehr, Worte zu finden und das zeigte deutlich, dass er selbst an einer schnellen Genesung interessiert war, ohne großartig den Leidenden zu geben. Davon hatte sie viele Patienten kennengelernt, die mit ihrer Krankheit versuchten, die Familie zu tyrannisieren.

Einen Lichtblick gab es, weil Veronika sie nach diesem Job in die Event-Agentur übernahm. Aber war es das, was sie für ihre Zukunft wollte?

»Man muss auch mal was wagen!«, hatte Veronika gesagt. Und jetzt war es sowieso zu spät!

Es klingelte Sturm. Mit Elan stürmte Veronika herein.

»So! Auf geht's!« Sie umarmte Miriam herzlich. »Wow! Du hast ja perfekt gepackt! Mehr hast du nicht? Wenn wir geschickt sind, bekommen wir das in einer Fuhre mit!«

Obwohl der Kombi von Veronika reichlich Platz bot, mussten sie im Schweiße ihres Angesichts noch zweimal umpacken, dann aber war alles drin.

»Na, das war ja ein Akt!«, meinte Miriam geschafft.

»Was denn, wir sind doch genial! Das spart uns locker zwei Stunden, die du schon hast, um dich in deinem

Sommerhäuschen wohnlich einzurichten!«, freute sich Veronika, und ein paar Minuten später waren sie auf der Landstraße Richtung Schloss unterwegs.

Trixi war in den letzten beiden Wochen auch nicht untätig gewesen. Obwohl sie wieder arbeiten ging, hatte sie für die Rückkehr ihres Vaters das Notwendige in die Wege geleitet. Vom Rollstuhl bis über ein neues Bett, das per Knopfdruck bedient werden konnte, war alles fertig. In ein paar Tagen war es so weit.

Voller Vorfreude wartete sie auf die Ankunft von Veronika und Miriam, die wenig später hupend auf das Schlossareal fuhren.

Lachend schleppten die Drei alle Kisten in das Häuschen.

»Schade, dass die Zeit der Rosen vorbei ist!« Miriam betrachtete die verblühten Köpfe, die eigentlich entfernt werden müssten.

»Ja, stimmt!« Es war, als hätte Trixi ihre Gedanken gelesen. »Die Rosen benötigen dringend den Schnitt, mir fehlt jedoch die Zeit und unser Gärtner ist zurzeit leider krank.«

»Aber ich könnte das doch machen! Noch ist Ihr Vater nicht hier.«

»Das kann ich Ihnen unmöglich zumuten!«

»Es wäre mir eine Freude! Ich liebe Rosen! Ich bin auch eine kleine Fachfrau, mein Vater hat es mir beigebracht. Geben Sie mir eine Rosenschere, und ich lege los!

»Dann gerne! Aber jetzt packen Sie erst einmal in Ruhe aus und kommen danach rüber zu uns in die Schlossküche. Emmi hat eine Stärkung für uns vorbereitet.«

»Das ist total nett. Doch in Zukunft werde ich für mich selbst sorgen! Ich habe schließlich eine schöne Küche.«

Trixi ließ das unkommentiert.
Tatsächlich fand sich Miriam am nächsten Morgen zum Frühstück ein – und zum Mittagessen ebenfalls. Noch hatte sie ja nicht so viel im Haus. In der kommenden Woche verschob sie ihre Selbstständigkeit nochmals. Und letztendlich kam es so, wie Trixi vermutet hatte: Morgens und mittags saß Miriam mit am Tisch. Wer konnte denn auch schon Emmis Kochkünsten widerstehen?

Miriam war selbst verwundert. So sehr sie ihre Unabhängigkeit bei Einzug herausgeschrien hatte, so kleinlaut fand sie sich zu den Mahlzeiten in der Schlossküche ein. Es war nicht nur bequem, sondern zudem außerordentlich lecker, und sie schätzte die Kommunikation.

Oft war sie dabei mit Emmi allein und sie freundeten sich schnell an. So erfuhr sie, bevor Graf Bernhard überhaupt wieder im Schloss war, einiges über ihn und die Familie, was sich später als durchaus hilfreich für ihre Arbeit herausstellte.

Und dann war er da, der Tag, als Bernhard Graf von Schlomberg zurück in sein Schloss kam.

»Wir bilden ein Begrüßungskomitee!«, hatte Trixi bestimmt, und keiner widersetzte sich ihrem mit Nachdruck ausgesprochenen Wunsch.

So standen Trixi, Lars und Rick, Veronika und Emmi Spalier an der Treppe vor dem Schlosseingang, als der Graf mit einem Krankentransport nach Hause kam. Er hatte Tränen in den Augen, als man ihn in den Blauen Salon schob. Da vergaß auch Veronika ihre Eiszeit mit Rick.

Miriam konnte sich das erste Mal üben, als sie ihrem Patienten beim Essen seines Kuchens half. Pflaumenkuchen war sein Wunsch an Emmi gewesen, den sie ihm natürlich zu gerne erfüllt hatte.

Es waren ausgesprochen harmonische anderthalb Stunden, danach merkte man Graf Bernhard die Anstrengung an, und er wurde von Miriam und Trixi in seinen Wohnbereich gefahren. Zurück blieben Lars, Veronika und Rick.

Nur um keine Missstimmung aufkommen zu lassen, fragte Lars nach den weiteren Plänen, obwohl er natürlich bestens von Trixi informiert war.

Veronika berichtete jedoch nur stichwortartig und stand dann auf.

»Lars, sagst du bitte Trixi, dass ich schon gehen musste? Ich habe noch sehr viel Arbeit und Louis wartet auch. Bis demnächst!« Sie griff ihre Handtasche und verließ den Blauen Salon.

»Was war das denn jetzt?« Lars blickte ihr verdattert hinterher.

»Der wirkliche Grund bin wohl ich. Sie kann mich nicht mehr leiden!« Rick zog bedauernd die Schultern hoch.

»Das gibt sich wieder! Lass mal die nächste Veranstaltung vorbei sein. Du wirst sehen, was die beiden noch alles auf die Beine stellen werden! Die pushen sich gegenseitig in ideenreiche Höhen! Irgendwie sind die Zwei eine Win-Win-Situation. Und Emmi mischt ja auch tüchtig mit. Und wenn die Krankenschwester sich hier heimisch fühlt, dann haben wir ein Kleeblatt, das unschlagbar sein wird! Ich bin sowieso gespannt, wie es mit Veronika weiter läuft.«

Rick sah Lars irritiert an. »Da stehe ich jetzt aber auf Leitung. Was meinst du?«

»Wie sie schon sagte, naht die Vorstellung der Seminarräumlichkeiten. Eine Reihe Firmen und auch Privatunternehmer sind geladen. Unter anderem ebenfalls mein Chef. Jedenfalls ist Wolfgang Reith total versessen darauf, an diesem Abend dabei zu sein, weil Veronika die Moderation übernimmt. Unser Veronikalein hat da wohl einen ganz heißen Verehrer! Mensch, und wie ist es denn bei dir? Wie läuft es mit ...«

»Melissa heißt sie.«

»Die meinte ich.«

»Ganz gut. Du wirst sie übrigens an diesem Eventabend kennenlernen.«

Trixi kam zurück und war schwer enttäuscht, dass Veronika schon gegangen war.

Nun waren bereits zwei Wochen vergangen, seit der Graf zurückgekehrt war.

Miriam fragte sich, warum sie Sorge wegen dieses Jobs gehabt hatte. Alles lief gut. Der Graf war ein ruhiger Patient, der seine Bewegungsübungen stets ohne Murren und gewissenhaft ausführte, obwohl man ihm manchmal anmerkte, wie schwer es ihm fiel, geduldig zu sein, zumal die Fortschritte minimal waren.

Auch blieb ihr genügend Zeit für sich selbst. Wie hatte sie nur denken können, es wäre Sklaverei?

Einen Teil ihrer Freizeit verbrachte sie bei Emmi in der Küche und spielte Testerin für allerlei Schloss-Lädchen-Marmeladen und Konfitüren, welche die Haushälterin in kleinen Mengen produzierte, um für den Start gewappnet zu sein.

Emmi war mit aller Energie und Liebe dabei.

»Ich weiß, ich weiß«, sagte sie mit geröteten Wangen, wenn Trixi sich darüber amüsierte, »aber es wird uns zugute kommen, glaube einer alten Köchin! Und da ich bereits zur Marmsell ernannt worden bin, muss ich auch was tun! Fünf Marmeladensorten sind schon fest im Programm ... und ich habe ... außerdem werde ich noch ... da gibt es nämlich ...« Emmi war kaum zu stoppen.

Miriam liebte das alte Sommerhaus. In der Zeit ihres Einzuges war das Wetter herbstlich schön und sie konnte die Abende noch im Garten genießen. Die Rosen waren ihre Leidenschaft, sie versuchte, die einzelnen Sorten zu bestimmen und wurde anhand eines Rosenbuches, dass sie von der kleinen Schlossbibliothek auslieh, fündig. Sie betrachtete oft den Park und vor ihrem geistigen Auge sah sie ein Rosenmeer.

Dann wurden die Tage schlechter, Wind und Regen machten dem Herbst alle Ehre und sie verbrachte die Abende drinnen.

Das Angebot, das Auto zu nutzen, nahm sie nur wahr, wenn sie etwas einkaufen wollte.

»Sind Sie immer im Sommerhaus? Der Wagen ist Ihnen doch zugedacht, fahren Sie ruhig damit, besuchen Sie Freunde oder gehen Sie aus«, hatte die Gräfin einmal besorgt zu ihr gemeint, »nicht, dass Sie sich bei uns langweilen, Miriam!«

Sie hatte gelacht. »Liebe Gräfin, mir geht es hier bestens, ich habe alles, was ich brauche. Außerdem liebe ich es, mit einem Buch auf der Couch zu lümmeln, wenn es draußen stürmt. Das ist so was von gemütlich! Ich fühle mich vom Haus beschützt. Ehrlich gesagt, habe ich mich lange nicht mehr so wohl gefühlt. Ich weiß, es hört sich doof an, aber es ist, als lebe ich schon ewig in diesem Häuschen und es wäre ein Teil von mir.«

Trixi nickte zufrieden. Alles richtig gemacht! Wie gut, dass Veronika mit ihren fantastischen Ideen in ihr Leben gestöckelt war!

Leider hatte sie bei Lars nicht alles richtig gemacht. Sie hatten ihren ersten Streit gehabt.

Trixi sprach über die Zukunft, wie immer hin und hergerissen, welche Entscheidung sie im kommenden Jahr fällen sollte. Job oder Schloss?

»Mensch Trixi, du nervst! Warte doch einfach mal die Zeit ab. Jetzt kommt der lange Winter, außerdem laufen die einzelnen Veranstaltungen an! Im nächsten Frühling kannst du dich immer noch entscheiden!«

»Vielleicht wäre das auch etwas für dich?« Trixi sah ihn nahezu herausfordernd an.

»Wie meinst du das denn?«

»Wir könnten das Schloss doch gemeinsam mit Veronika geschäftlich führen. Du kümmerst dich um alle Seminare, Kongresse und Tagungen und wir Mädels um die anderen Events!«

»Trixi, mal langsam! Ich habe einen Beruf.«

»Richter!« Ihr Ton war recht abfällig.

»Was ist daran auszusetzen?« Lars war alarmiert.

»Willst du dich ewig um die Probleme anderer Leute kümmern?«

»Ja sag mal, wie kannst du die Vielfalt meines Berufes nur in einen Satz fassen?«

»Ehrlich entscheiden könnt ihr doch sowieso nicht. Hab ich am eigenen Leib gespürt. Entweder kommt das Gesetz dazwischen oder ihr habt Schiss!«

»Hör auf damit, Trixi! Erstens haben wir vereinbart, über deine kurze fatale Ehe nicht mehr zu sprechen, und zweitens verkörpern wir Richter eine hohe gesellschaftliche Verantwortung!«

»Ha!«

»Ich akzeptiere doch auch, was du tust!«

»Ja, und das könntest du mit mir gemeinsam tun.«

»Ich glaube, Trixi, hier verstehst du etwas völlig falsch. Ich habe mich nach einem langen Jura-Studium dafür entschieden und ich mache meinen Beruf mit Leidenschaft.«

»Aber ...!«

»Trixi, ich möchte das nicht diskutieren. Wir haben alle Zeit der Welt, warum Dinge jetzt übers Knie brechen?«

»Du willst dich also nicht für mich entscheiden!«

»Lass das! Ich kann es nicht leiden, wenn man mich unter Druck setzt.« Das hatte er laut und mit einem gewissen Ärger gesagt.

Trixi schmollte danach und wollte sich trotz verschiedener Versöhnungsversuche ihres Freundes nicht wieder einkriegen.

So war er einfach gefahren. »Ruf an, wenn du dich beruhigt hast.«

Natürlich tat Trixi ihr Verhalten nach einer kurzen Überlegungsphase sehr leid. Ein paar Mal schon hatte sie ihr Handy in der Hand, legte es aber wieder weg. Sollte er doch anrufen!

Sie wartete vergebens.

Ausgerechnet an diesem Tag fragte ihr Vater nach Lars, denn er mochte ihn. Lars hatte eine ganz unkomplizierte Art, mit ihm umzugehen, das gefiel dem alten Grafen. Ein bisschen verlegen, aber ehrlich erzählte sie ihrem Vater von dem Disput. Der hatte für ihr Verhalten nur ein Kopfschütteln über und so überwand sie sich und rief Lars doch noch an.

»Gerichtsfuzzi!«, schimpfte sie.

»Grafentussi!«, hörte sie als Antwort.

Damit war ihre Welt wieder in Ordnung.

♥ 20 ♥

Die letzten Vorbereitungen waren getroffen. Nun ging es los! Der Tag für die Vorstellung der Seminar- und Tagungsräume war gekommen.

Dreihundert Gäste waren geladen, Trixi hüpfte vor lauter Aufregung hin und her und dauernd zur Toilette. Selbst Veronika konnte eine gewisse Anspannung nicht verbergen. Hoffentlich funktionierte die Technik einwandfrei – sie hatte mehrfach geübt – und ihr blieb dieser unseelige Vorführeffekt erspart!

Sie hatte auch noch einen ganz persönlichen Grund zur Nervosität. Ausgerechnet in dieser Woche hatte sie keinen Babysitter! Freundin Esther, von der Louis sonst betreut wurde, musste überraschend zu ihren Eltern reisen, da ihre Mutter mit Verdacht auf Herzinfarkt ins Krankenhaus eingeliefert worden war.

Trixi fand das nicht so dramatisch. »Ich frage Miriam, sie kann Louis doch mit zu Vater nehmen. Ihr wird schon was einfallen, beide zu bespaßen!«

»Ich versuche, noch einen anderen Babysitter aufzutreiben!«, hatte Veronika hoffnungsfroh gemeint, war aber gerade hierbei gnadenlos gescheitert.

Und so saß Louis auf dem Rücksitz, ziemlich aufgeregt, weil er das erste Mal ein Schloss sehen würde, und fuhr mit seiner Mutter in strömendem Regen los.

Veronika seufzte. Hatte sich denn augenblicklich alles gegen sie verschworen? Kein Babysitter, es regnete Katzen und Hunde, und vorhin hatte sie sich in das mit Sorgfalt für diesen Abend ausgewählte beige Kostüm einen Flecken gemacht! Und das zwei Minuten vor Abfahrt! Louis wollte unbedingt noch einen Joghurt essen, und beim Abziehen des Deckels war es dann passiert. So ein Stress!

Nun trug sie das zart Rosafarbene in Kombination mit einem weißen Top, einen rosa-weiß-farbenen Schal und den passenden High Heels. Trotzdem war es nur zweite Wahl. Ihr Haar hatte sie dieses Mal zu einem dicken Nackenknoten gestylt.

Louis fragte ihr auf der Fahrt Löcher in den Bauch. Seine Fragen nervten sie, denn sie konnte durch den strömenden Regen kaum die Fahrbahn richtig sehen und die Gedanken an ihre Rede kreisten auch im Kopf herum. So war sie froh, als sie endlich das Schloss erreichten.

Hier jedoch freute sich über eine gute Idee, die sie ausnahmsweise nicht zu verantworten hatte: Lars und Rick warteten mit großen Regenschirmen an den Schlosstüren. Lars holte sie ab. Louis rannte schon in Richtung Eingang. Veronika brüllte ihm hinterher, aber der Regen schluckte gnadenlos ihre Worte. So stand Louis bereits bei Rick und redete kindlich auf ihn ein, als sie die Schlosstreppe erreichte.

Nach einem förmlich klingenden *Guten Abend* meinte Rick: »Ich mache einen Vorschlag. Mein Vater wird Ihre Begrüßung der Gäste, liebe Frau Meinel, miterleben, danach allerdings zieht er sich sofort zurück. Schafft Louis es, die paar Minuten ruhig dabei zu sein?«

So nahm Veronika ihren Sohn beiseite und schwor ihn darauf ein, in der Hoffnung, er würde sich die mütterlichen Bitten und Belehrungen zu Herzen nehmen. Sie untermauerte diese mit der Aussicht auf den von ihm so heiß ersehnten Polizeiwagen.

»Aber den mit dem richtigen Blaulicht!«

»Klar!«

»Und der Fernsteuerung!«
»Ja.«
»In echt?«
»Ja doch! Versprochen!«

Dann füllte sich das Schloss mit den Gästen und vielen munteren Stimmen, das angebotene Glas Sekt trug zur Lockerung der Stimmung bei.

Eine fantastisch aussehende junge Frau war immer in der Nähe von Graf Richard. Veronika beobachtete, wie er von Zeit zu Zeit seine Hand um ihre Taille legte. Aha, das war also besagte Melissa! Kurz danach nahm man sie auch mehrfach deutlich wahr, denn sie lachte nicht nur zu häufig, sondern auch zu laut.

Trixi verdrehte die Augen. »Da hat er sich ja wieder eine Zicke angelacht!«

»Sie sieht klasse aus!«, gab Veronika ehrlich zu.

»Das sind meist die Widerlichsten unter denen!«, antwortete Trixi trocken.

Veronika bemerkte aber auch, dass sich Rick des Öfteren von seiner Freundin entfernte und zu seinem Vater, Miriam und Louis ging. Ihr gefiel es nicht, dass ihr Sohn ihn förmlich anhimmelte. Doch jetzt musste sie zum Rednerpult gehen, Pünktlichkeit war schließlich ein Qualitätsmerkmal. Die Aufregung hämmerte ihren Herzschlag bis in den Hals, als sie das Podium erreichte.

Dann wuchs sie über sich hinaus. Sie nahm das Publikum, das ihr andächtig lauschte, gar nicht mehr wahr. Mit Fachkenntnis führte sie durch die Präsentation, die sie gekonnt mit ein paar witzigen Bemerkungen auflockerte. Applaus brandete auf, als sie ihren Vortrag beendete und erleichtert auf das Buffet hinwies.

Trixi sprach ihr mit einem großen Blumenstrauß ein

dickes Dankeschön im Namen von Bernhard Graf von Schlomberg aus. Veronika tat genau das Richtige, sie ging auf direktem Wege zum alten Grafen und bedankte sich von Herzen. Danach fuhr Miriam ihn hinaus und nahm Louis mit. Der Kleine winkte ihr, auf den Fußstützen des Rollstuhls stehend.

»Opa Graf hat mir das erlaubt!«, krähte er fröhlich. Der Graf lächelte und Miriam zwinkerte Veronika zu.

Es ging Schlag auf Schlag. Von vielen Seiten beglückwünschte man sie, zwei Angebote für Moderationen erhielt sie an dem Abend – und eine Einladung. Der Gerichtspräsident Wolfgang Reith ließ sie nicht aus den Augen und schaffte es tatsächlich, sie für einen Opernabend mit ihm zu begeistern.

Rick sah immer wieder interessiert herüber. Lars hatte recht gehabt! Der Gerichtspräsident war völlig begeistert von Veronika. Er wich gar nicht mehr von ihrer Seite. Wenn der wüsste, was sie für schönes Haar hat … und er dachte zurück an den Besuch in ihrem kleinen Reihenhäuschen.

»Ich finde es nicht schön von dir, Rick«, riss Melissa ihn aus seinen Gedanken, »dass du dich so wenig um mich kümmerst.« Gerade wollte Rick versichern, dass es ihm leidtue und er von nun an ihrer Seite sei, als Melissa hinzusetzte: «Stattdessen warst du ständig bei deinem Vater, der hatte doch seine Pflegerin dabei! Außerdem, warum scherst du dich um das Blag dieser dicken Moderatorin?«

Rick blieb fast die Luft weg. »Melissa! Das hättest du besser nicht gesagt!«

Sie bemerkte, dass sie über das Ziel hinausgeschossen war, und entschuldigte sich gleich. Rick war trotzdem ziemlich angegrätzt. »Ich hole uns beiden ein Glas Sekt!« Er wollte ein paar Minuten Nachdenkzeit.

Da lief ihm Lars über den Weg.

»Veronika war der Hammer! Das findet mein Chef anscheinend auch!« Er grinste. »Glückwunsch, Rick, zu so einem Volltreffer. Mit ihr hattet ihr den richtigen Riecher für Erfolg!« Dann nahm er seinen Freund an die Seite. »Sag mal, hast du Melissa einen Heiratsantrag gemacht?«

Rick war förmlich erschüttert. »Wie kommst du denn darauf? Natürlich nicht!«

»Ich will nicht petzen, doch deine Freundin hat hier schon mehreren Gästen kundgetan, dass sie wohl bald Frau Gräfin wird.«

Rick verdrehte die Augen. »Frau Gräfin! Unfassbar! Sie kapiert einfach nicht, dass der Titel Gräfin ist. Nicht *Frau Gräfin.* Sie wird allerdings bei mir gar nichts, sondern verschwindet aus meinem Leben. Und zwar jetzt!«

Er straffte sich und ging ohne Sekt zu Melissa zurück. Lars sah ihm verwundert hinterher. Oweh! Bin ich schon wieder so was wie ein Unglücksbringer? Diesmal für Melissa? Er sah, wie sein Freund mit ihr redete – und ihre Körperhaltung sprach Bände.

Auch Trixi und Veronika beobachteten dies. Sie sahen, wie Melissa kleinkindhaft mit ihrem schönen, schlanken Fuß ärgerlich aufstampfte.

Da bahnt sich aber Böses an, dachte Trixi, denn so ein Verhalten konnte ihr Bruder gar nicht leiden! Sie sah ihn in steifer Haltung, leise auf Melissa einredend. Die jedoch schlug wütend ihre langen offenen Haare nach hinten, schob das Kinn in die Höhe, rauschte schließlich mit hochrotem wutverzerrten Gesicht zum Ausgang und kam so in ihre Richtung. Sie warf Veronika einen geringschätzigen Blick zu.

»Olala«, meinte Trixi, ihr nachblickend, aber nicht ohne eine gewisse Genugtuung, »siehst du, Veronika, Tief

Melissa zieht vorbei!«

»Und in deinem Herzchen ist wieder Sonne? Verstehe ich das richtig?«

»Du Blitzmerkerchen du!«, freute sich Trixi und hakte sich bei ihrer Freundin ein. »Komm, wir trinken ein Sektchen! Den haben wir uns verdient! Steht dir übrigens gut, das zarte Rosé!«

Veronika lachte auf. »Wie sagst du immer? Ich fühl mich heut rosé? Nun ja, eigentlich wollte ich ein beigefarbenes Lebensgefühl, aber ein gemeiner hinterhältiger Fleck hat es in letzter Minute verhindert.«

»Gut so. Und das meine ich ehrlich: Du siehst total klasse aus! Und der Knoten gibt dir ein so klassisches Gesicht. Den solltest du öfter tragen als die Banane!«

Veronika schaute ihre Freundin überrascht an. »Meinst du wirklich?«

»Und ob!«

Erst nach Mitternacht waren die letzten Gäste gegangen. Es war etwas passiert, womit niemand von ihnen gerechnet hätte: Sie erhielten an diesem Abend sage und schreibe sechs Tagungsbuchungen!

Da Graf Bernhard natürlich schon zeitiger zu Bett ging, hatte Miriam den kleinen Louis mit in ihr Sommerhaus genommen. Sie hatten ein bisschen gemeinsam gemalt und Louis war dann auf dem Sofa eingeschlafen.

Lars und Rick waren wie selbstverständlich mit Trixi und Veronika rüber ins Sommerhaus gegangen. Erst vor wenigen Minuten hatte es aufgehört zu regnen, nur noch ein paar Tropfen rollten von den Blättern der Bäume auf den nassen Weg.

»Wir können euch doch unmöglich den weiten, weiten Weg im Dunkeln allein gehen lassen!«, scherzte Lars.

»Nachher überfällt euch ein Rosentroll oder ein Baumgeist, ein Lavendelwichtel oder ...« Lars stoppte mitten im Satz und drehte sich zu dem noch hell erleuchteten Schloss um.

Er und Veronika riefen gleichzeitig: »... ein Schlossgespenst!«

»Du meinst so was wie ein Hui Buh von Schloss Schlomberg?«, gibbelte Trixi.

»Jaaaa!« Veronikas Augen leuchteten. »Dazu mache ich mir Gedanken. Aber erst morgen. Ich muss jetzt mit Louis nach Hause.«

Der Kleine hatte sich unter eine Decke gekuschelt und schlief so süß. Man sah Veronika das Mutterglück an. Ihre Gesichtszüge wurden ganz weich.

»Vielen Dank, Miriam. Das war total nett von dir. Ich werde mich revanchieren.«

»Ich bitte dich, Veronika! Was du schon alles für mich getan hast! Und Louis ist ja keine Strafe, sondern eine echte Bereicherung. Schau, wir haben gemalt!«

Miriam zeigte verschiedene bunte Seiten.

Eine nahm Veronika in die Hand und lachte. »Ein Gespenst!«

Sie wollte ihren Sohn hochheben, als Rick ihr zuvor kam. »Ich nehme ihn. Sie können ihn unmöglich den ganzen Weg zurücktragen.«

»Es ist doch nicht weit!«

»Wirklich kein Problem, Frau Meinel.« Vorsichtig hob er den Kleinen hoch und trug ihn zu Veronikas Wagen. Lars und Trixi waren noch bei Miriam geblieben, um kurz darüber zu sprechen, wie Graf Bernhard den Abend erlebt hatte.

Rick und Veronika setzten Louis gemeinsam in den Auto-Kindersitz. Der kleine Kerl schlief weiter.

»Vielen Dank, Graf von Schlomberg!«

»Gern geschehen, Frau Meinel!«

Veronika stieg in ihren Wagen.

»Frau Meinel?«

»Ja?«

»Das haben Sie heute Abend großartig gemacht!«

Veronika sah ihn an und suchte die Spur der Ironie, die ihm sonst so eigen war, aber sie fand keine.

Er untermauerte das. »Ich meine das ganz ehrlich. Sie haben unser Haus bestens vertreten!«

»Vielen Dank! Ihnen eine gute Nacht!« Veronika schloss die Tür und fuhr los.

Er kann ja auch echt nett und höflich sein, dachte sie. Nur schade, dass Großteile dieser Eigenschaften bei ihm verschüttet sind!

Sie sah in der Dunkelheit nicht, dass Graf Richard dem Auto so lange nachblickte, bis die Rücklichter in der Nacht verschwunden waren.

Veronika war in Gedanken ganz bei der Einladung, die sie vom Gerichtspräsidenten erhalten hatte.

♥ 21 ♥

Die erste gebuchte Führung im Schloss stand an. Es war eine Gruppe pensionierter Postbeamter mitsamt Ehefrauen.
Bei dieser Führung wollte Graf Bernhard dabei sein. Inkognito, hatte er zu verstehen gegeben. Nur um zu sehen, wie Menschen das Schloss und seine Geschichte aufnahmen. Außerdem bat er Miriam, Veronika mitzuteilen, sie möge doch Louis mitbringen.

Er hatte den kleinen Jungen in sein Herz geschlossen. Wie fröhlich er gewesen war, als er auf den Fußstützen des Rollstuhls mitfahren durfte! Und so locker, wie Kinder sind, hatte er ihm gesagt: »Du, es ist überhaupt nicht schlimm, dass du nicht so gut reden kannst! Ich erzähl dir einfach, wie Mama und ich im Tierpark waren. Dort gab es Löwen, richtig große! Und ein Eis habe ich auch bekommen ... und erst die Giraffen ... sie waren so riesig … ich hab eine Bratwurst gegessen ... und Mama hat ...«

Schon lange hatte sich Graf Bernhard nicht mehr so leicht gefühlt, und ihn beseelte seitdem nur ein Wunsch. Endlich wieder auf die eigenen Beine zu kommen! Er würde noch härter trainieren als bisher. Vielleicht konnten sie dann eines Tages gemeinsam den Tierpark besuchen.

Die Gewandung von Veronika und auch die Ausführungen zur Fächersprache des Barock kamen bei dem Klub der Pensionäre sehr gut an. Reges Interesse erzeugten die kleinen Erinnerungsstücke, die sie mittlerweile hatten anfertigen lassen. Ansichtskarten, bedruckte Tassen, Kugelschreiber mit dem Schriftzug *Grüße von Schloss Schlomberg* und außerdem kleine Schokoladentafeln mit dem Abbild des Schlosses. Hier hatte Veronika wieder ein goldenes Näschen bewiesen, die Schokoladen waren der Renner. Man wies die Gäste noch darauf hin, dass sie im nächsten Jahr ein Schlosslädchen eröffnen würden.

Louis war ganz lieb neben dem Rollstuhl und Miriam hergelaufen. Als Veronika ihren Sohn so sah, dachte sie an die Vergangenheit, als sie mit ihren Großeltern an Schlossführungen teilgenommen hatte. Auch Louis schien das zu gefallen.

Sie wusste zu diesem Zeitpunkt noch nicht, dass Graf Bernhard ihm eine Bratwurst von Emmi in der Schlossküche versprochen hatte.

Veronika war in der Zwischenzeit zweimal mit dem Gerichtspräsidenten Wolfgang Reith aus gewesen. Es waren schöne Abende, die sie genossen hatte. Er war ein Mann mit viel Allgemeinbildung. Aber sie zögerte etwas, weitere Einladungen von ihm anzunehmen. Sie war sich unsicher, ob er der richtige Umgang für Louis war. Er war bereits Mitte fünfzig und kinderlos geschieden.

Er reagierte so gar nicht, wenn sie von ihrem Sohn erzählte. Einen Ausflug zu dritt schlug er auch nicht vor. Stattdessen hatte er beim letzten Treffen gemeint, für Kinder sei eine Internatsausbildung eine große Chance.

Mittlerweile war es November geworden. In ihrer freien Zeit saß Trixi mit Veronika zusammen, um die weiteren Planungen für das kommende Jahr voranzutreiben.
Louis kam inzwischen öfter mit ins Schloss, um Opa Graf, wie er ihn gerne nannte, zu besuchen. Der Junge hatte eine erstaunliche Wirkung auf den alten Grafen. Seine Sprache hatte sich deutlich verbessert.

Trixi hatte Veronika gefragt, ob sie ihren Geburtstag gemeinsam im Schloss feiern wollten.

»Bitte sag ja, Veronika, bitte, bitte! Ich nulle schließlich! Ich will eine große Fete! Und du bist meine Freundin, also sollst du dabei sein. Ist doch klasse, dass du am gleichen Tag Geburtstag hast! Wir haben genügend Platz für deine Gäste und meine. Du kannst mit Louis natürlich bei mir schlafen!«

Nach kurzer Überlegung hatte sie zugesagt und freute sich nun sehr auf diese gemeinsame Geburtstagsfeier.

Als Miriam davon erfuhr, bot sie an, Louis an diesem Abend mit rüber ins Sommerhaus zu nehmen, wenn er müde wurde, damit Trixi und Veronika ausgiebig feiern konnten, zumal dort ja noch ein Schlafzimmer frei war.

Veronika erzählte ihrem Sohn von Miriams Vorschlag. Louis fand diese Idee großartig. »Miriam macht immer so viel Quatsch mit mir, Mama. Das wird toll!«

»Du, ich muss dir mal was zeigen!« Veronika holte ein Männermagazin aus ihrer Handtasche.

»Seit wann interessierst du dich für nackte Frauen?«, fragte Trixi sie anzüglich.

»Eigentlich wollte ich heute Morgen im Kiosk nur Brötchen holen. Aber die Dame auf der Vorderseite sprang mir förmlich in meine blauen Augen.«

Da sah Trixi genauer hin. »Nee, ne?«

»Ich glaub schon!«

»Da hat Rick ja Glück gehabt! Das käme jetzt, wo wir so viel Werbung fürs Schloss machen, gar nicht gut.«

Auf dem Titelblatt rekelte sich Melissa, nur mit einem Tanga bekleidet.

»Ich lach mich weg!« Trixi beäugte den nackten Körper ganz genau. »Sie ist Model, hat sie gesagt.«

»Stimmt doch, sogar ein Schönes«, versuchte sich Veronika mit Objektivität.

»Du meinst ein sehr Enthülltes! Tja, wenn man nichts kann, zieht man nix an!«, kicherte Trixi süffisant.

»Trotzdem zum Neidischwerden. Ich müsste endlich mal eine Diät durchhalten. Kann es nicht einfach mal pling machen und ich wäre zehn Kilo leichter? Dafür würde ich meine Ersparnisse opfern. Es handelt sich dabei sowieso nicht um größere Beträge. Ich würde sogar auf Urlaub verzichten ... naja, vielleicht ...«

Trixi giggelte los. »So wird das bei dir nie was! Aber warum solltest du abnehmen? Du müsstest neue Kleidung kaufen, du wärst schlecht gelaunt und Emmi todtraurig, weil du ihren Kuchen verschmähst ... und das über Wochen, denn wenn du nicht monatelang darbst, gibt's Jojo!«

»Die Worte darben und monatelang klingen so ausnehmend hässlich!« Veronika machte große erschrockene Augen.

»Find ich auch! Was hältst du davon, Emmi zu besuchen und Kaffee zu trinken?«

»Hoffentlich hat sie Kuchen!«

Die Freundinnen lachten und schossen Richtung Küche.

Sie sprachen mit Emmi über die geplante Geburtstagsfeier.

»Was soll ich denn dann kochen? Wie viele werdet ihr sein?«

»Emmi, das sind zu viele! Und du machst gar nichts! Du und dein Mann, ihr werdet mitfeiern!«, informierte sie Trixi.

»Genau! Um das Catering kümmere ich mich!« Veronika nahm ein Stückchen Marmorkuchen und kostete. »Hmm, er ist so frisch, so weich, so aromatisch!« Glücklich biss sie erneut ab.

Das brachte Emmi auf die Idee. »Gut, normales Essen dann nicht, aber den Geburtstagskuchen, den backe ich für euch! Das darf kein anderer, das lasse ich mir nicht aus der Hand nehmen!«

Kurz danach kam Miriam in die Küche.

»Der Graf schläft. Kann ich bitte einen Kaffee haben?«

Bei den Damen gab es natürlich kein anderes Thema als Geburtstag.

»Ich würde dir wirklich total gerne helfen, Emmi!«, schlug Miriam vor. »Bei der Anzahl an Gästen braucht es ja einiges an Kuchen.«

»Super!«, freute sich die Haushälterin. »Das Angebot nehme ich an. Das wird lustig!«

»Ich weiß das zu schätzen, ihr beiden Lieben!« Trixi umarmte Emmi und Miriam freudig.

Was sie nicht wusste, war, dass es bereits ein geheimes Treffen von Lars, Rick, Miriam und Veronika in Veronikas Haus gegeben hatte. Sie wollten besprechen, wie sie Trixi überraschen könnten, der Dreißigste war schließlich etwas Besonderes. Es gab einige schöne Ideen, unter anderem sollte sie einen Baum bekommen. Da sie gerne Walnüsse aß, lag ein Walnussbaum nahe.

Rick lachte. »Da müssen wir allerdings sehen, wo wir einen Größeren herbekommen. Ein Walnussbaum trägt erst nach ungefähr zehn Jahren, dann ist sie vierzig!«

»Na, das finde ich jetzt aber nicht so glücklich!«, warf Veronika ein. »Andere Vorschläge?«

Miriam hatte die schönste Idee. »Ich würde da in eine völlig andere Richtung gehen. Sie liebt doch Rosen! Es gibt sicherlich eine ganz tolle Sorte, die ihr irgendwie nahekommt. Vielleicht eine Kletterrose für die kleine Schlosswand linksseitig an ihrer Terrasse!«

»Das ist eine super Idee!«, freute sich Rick.

»Wie wäre es mit einer Rosafarbenen?«, ergänzte Veronika. »Da ihr Lieblingsspruch doch *Ich fühl mich heut rosé* ist, sollten wir den Geburtstag überhaupt unter dieses Motto stellen!«

»Wenn nichts dagegen spricht, würde ich mich um dieses Geschenk kümmern. Da die Rosen sowieso in der wohlverdienten Winterpause sind, sollten wir symbolisch einen Riesenstrauß überreichen mit einem Gutschein für die Bepflanzung.«

Dieser Vorschlag von Miriam fand Anklang und so hatten die Vier an dem Abend jede Menge Spaß.

Trixi versuchte mehrfach, Lars zu erreichen. Alle amüsierten sich, was sie wohl daheim denken würde, weil er die Gespräche nicht annahm.

Mit jedem vergeblichen Versuch wurde sie ein Stückchen eifersüchtiger und unglücklicher. Ihre Fantasie schlug Wellen – wo war Lars? Sie durchforschte ihr Gedächtnis. Hatte er irgendwann von einer Frau verstärkt gesprochen? Kollegin vielleicht? Mit wem hatte er zur Präsentation der Tagungsräume zusammengestanden? Sie sahen sich zwar, mit wenigen Ausnahmen, nur am Wochenende, aber sie telefonierten täglich. Sie ärgerte sich über ihren Knoten im Magen, nahm sich ein Buch, legte es wieder weg und letztendlich tigerte sie unruhig durch ihren Südflügel. Kurz vor Mitternacht erreichte sie der erlösende Anruf.

»Sorry, mein Schatz! Du hast mehrfach angerufen! Es tut mir total leid! Ich habe vergessen zu laden und das

Scheißteil hat sich einfach abgestellt. Ich habe es blöderweise nicht bemerkt.«

»Wie war denn dein Abend?« Dieser Satz hatte durchaus einen lauernden Ton. Lars lächelte. Wie gut, dass Trixi es nicht sehen konnte.

»Arbeitsreich.« Das war nicht gelogen. »Ich habe morgen einen anstrengenden Prozess. Auch das war die Wahrheit, nur halt etwas anders ausgelegt. »Ich bin total müde, Trixi. Darf ich dich morgen Abend zum Essen ausführen? Italiener oder Chinese? Und weißt du, dass ich dich liebe?«

Damit wurde Trixis Welt wieder rosé.

Dafür verschob sich die Weltansicht von Rick. Von Lars hatte er erfahren, das Veronika den sympathischen Gerichtspräsidenten datete. Überrascht stellte er fest, dass ihn das störte.

Da er seiner Schwester versprochen hatte, sich von Veronika fernzuhalten, sah er sie nicht so oft, fand aber, dass sie umgänglicher mit ihm geworden war. Gerade der Abend zur Planung von Trixis Geburtstag war harmonisch gewesen. Seine Schwester würde sagen: Du hast dich gut benommen, Bruderherz!

Veronikas langes Haar wurde an dem Geburtstags-Besprechungs-Abend nur ganz locker von einer Spange gehalten. Einige Strähnen hingen lässig heraus. Ihr Gesicht wirkte dadurch sehr jung und attraktiv. War sie wirklich sechs Jahre älter als er?

Und irgendwie passte auch die Rubensfigur zu ihr ...

♥ 22 ♥

Beim Frühstück wartete Rick mit einer Neuigkeit für seine Schwester auf.

»Fernando hat angerufen, er kommt zu deinem Geburtstag. So einen denkwürdigen Tag möchte er mitfeiern!«

»Das ist ja eine irre Überraschung!« Trixi war ganz aus dem Häuschen. »Ich habe ihn ewig nicht mehr gesehen!« Sie überlegte. »Puh, ich glaube, das war sogar noch, bevor ich Dirk kennenlernte!« Das erste Mal sprach sie über Dirk, ohne dass man ihr die Demütigung ihrer Ehe ansah. »Dann bin ich ja gespannt, was er zu Lars sagen wird! Wie lange bleibt er?«

»Leider nur ein paar Tage. Er hat noch geschäftlich in Amsterdam zu tun.«

»Ins Sommerhaus kann er diesmal nicht. Ich nehme an, er schläft bei dir?«

»Klar. Er weiß auch bereits Bescheid und er freut sich mit uns, dass es Papa besser geht.«

Fernando konnte es sogar sehr gut nachempfinden, denn sein Vater hatte vor Jahren ebenfalls einen Schlaganfall erlitten. Nach ein paar Monaten des Bangens allerdings hatte sich der kubanische Familienpatriarch zum Erstaunen aller bestens erholt. Lediglich ein leicht schiefer Mund und das Nachziehen eines Beines war geblieben. So hatte Fernando Rick Mut gemacht, dass der Graf völlig genesen könne.

»Maßgeblich ist, dass das Denken funktioniert, und wenn das Laufen dann auch so leidlich wieder klappt, kommen sie eigentlich gut damit klar. Wie wichtig doch Gesundheit ist!« Auf das Wort Gesundheit legte er eine besondere Betonung. »Zu diesem Thema habe ich übrigens noch etwas mitzuteilen, aber das von Auge zu Auge. Bis in Kürze, alter Freund!« Und dann hatte er laut gelacht.

Mit keiner Silbe hatte er Dirk erwähnt. War das die Info, die er persönlich überbringen wollte?

Bald würde Rick es wissen ...

Die Zeit raste dahin. Die Geburtstagsvorbereitungen waren in vollem Gange. Als Rick an einem Tag eher ins Schloss zurückkam, war Louis bei Miriam und seinem Vater. Sie bastelten gemeinsam ein Geschenk für Veronika zum Geburtstag. Es sollte ein Strauß Papierblumen werden.

Rick setzte sich dazu und stellte fest, dass Miriam sehr geschickt war, was Basteln betraf. Und der kleine Junge war mit Hingabe dabei. Wenn etwas schwieriger war, klemmte er seine Zunge zwischen die Zähne, kurzum, er war hoch konzentriert.

»Wir machen einen ganz dicken Strauß für Mama! Die wird sich freuen!« Er hatte vor Eifer rote Bäckchen bekommen. »Hier, guck mal«, juchzte er. »Eine schöne Blume!« Er hielt sie dem jungen Grafen hin.

»So schön wie deine Mama!« Rick fing sich einen erstaunten Blick von Miriam ein.

»Jaha!«, krähte Louis fröhlich.

»Was sind denn die Lieblings-Blumen deiner Mama?«, fragte Rick.

»Rosen, glaube ich.«

Die Frage nach der Farbe, die Rick noch stellen wollte, erübrigte sich, weil Louis ihm direkt die ersehnte Information gab. »Weiße mag sie gerne, die kauft sie oft. Sie hat auch welche geschenkt bekommen, aber das waren so

Rote.«

»Aha! Von wem denn?«

»Der holt sie immer ab. Ich finde den nicht so gut, der bleibt nie, und weißt du was? Der hat keine Ahnung von Traktoren, so wie du!«

»Wieso?«

»Ich hab ihm meinen Lieblingstraktor gezeigt und der hat schöne Mähmaschine gesagt.«

Später fragte Rick seine Schwester: »Da es ja ein Doppelgeburtstag ist, sollte ich auch ein Geschenk für Frau Meinel haben, alles andere wäre blöd, oder?«

»Aber bitte keinen Diät-Shake!« Trixi grinste.

»Du hältst mich wohl für absolut verroht!«

»Nee, nur bei deinen bisherigen Prada- und Gucci-Schnittchen würden die Shakes wahrscheinlich Begeisterungsstürme auslösen. Deshalb ist der Gedanke nicht so abwegig für dich!«

»Da irrst du. Nur dann, wenn ein Brilli dranklebt oder der Gutschein für vierzehn Tage Fünf-Sterne-Abnehm-Farm mit dranhängt, löst ein Shake Wohlwollen aus.«

»Du weißt es und lässt dich trotzdem immer wieder mit dieser Sorte Frauen ein? Meinst du nicht, dass es langsam Zeit wird, erwachsen zu werden?«

Rick wurde ernst. »Seit Vaters Schlaganfall hat sich doch einiges verändert bei mir. Die Phase meiner Oberflächlichkeit ist vorbei.«

»Hört, hört!«

»Ich meine das total ehrlich, Trixi! Heute Nachmittag war ich bei Papa und Miriam drüben. Louis war da. Er hat mit Feuereifer für den Geburtstag seiner Mama Papierblumen gebastelt.«

»Miriam mag den Süßen echt gerne.«

»Ich mag ihn auch!«

»Ach was! Seit wann interessierst du dich für Kinder?«

»Hör auf, Trixi, ich bin schließlich kein Monster! Aber stell dir vor, was der Kurze erzählt hat ...« und er lachte erst einmal, bevor er von dem Mähdrescher berichtete.

»Tja, das sind diese Theoretiker, die mit der Nase nur in Büchern rumgraben.«

»Der kommt doch auch zur Geburtstagsfeier. Wir könnten ihm eine Quizfrage aus dem Bereich der Landwirtschaft stellen, als weitere Herausforderung sozusagen, nur dann darf er mit Frau Meinel tanzen. Also, ein Schaf macht mäh, die Kuh macht muh, die Hühner gackern – aber was macht eigentlich eine Kartoffel?«

Trixi lachte sich schlapp. »Die Frage kann er nicht beantworten. Und wer soll stattdessen mit Veronika tanzen?«

»Ich natürlich!«

»Hat dir Emmi was Schlimmes in den Kaffee getan, Bruderherz?« Und sie legte ihm die Hand an die Stirn, ob sie Fieber feststellen könne.

Am späten Abend rief Lars bei Trixi an, die bereits im Bett lag, aber noch las.

»Ich habe Sehnsucht nach dir!«

»Da hört sich richtig gut an!«

»Was denkst du, ob ich mit dir einschlafen könnte?«

»Beeil dich!«

Trixi war sofort hellwach. Sie sprang aus dem Bett und unter die Dusche. Dann verwendete sie verschwenderisch ihre Körperlotion und nahm auch einen Spritzer des Parfüms, das Lars so liebte.

Sie hatte Lust auf das hellblaue Seiden-Negligé, ihre neueste Errungenschaft. Ein besonders sexy Teil, eins von der Sorte *sehen und haben müssen - sofort!* Keine fünf Minuten hatte der Kauf gedauert! Und genau jetzt freute sie sich über ihren schnellen Glücksgriff.

»Was hatte ich heute Sehnsucht nach dir!« Mit diesen Worten nahm Lars sie eine halbe Stunde später verlangend in den Arm.

»Ich wünschte, das käme häufiger vor!«

»Das ließe sich einrichten. Wow, wow, wow! Du duftest höllisch verführerisch und siehst wahnsinnig sexy aus!« Er tastete von der Taille abwärts. »Ich liebe dieses Nichts von sinnlichem stimulierenden Stoff!«, flüsterte er, als er den Spitzen-Tanga fühlte.

»Und ich dich!«, hauchte Trixi. Sie zerfloss vor Glück und Erregung, als sein Mund von ihrem Hals in Richtung Dekolleté wanderte. Seine warmen Lippen jagten einen Schauer über ihren Körper. Sie presste sich an ihn.

»Was möchtest du trinken?«, wisperte sie pro forma, denn sie standen immer noch hinter der Wohnungstür.

»Danach«, hörte sie seine raue Stimme.

♥ 23 ♥

Anfang Dezember – nur noch wenige Tage bis zur großen Geburtstagsparty!

Natürlich hatte sich Veronika um die Gestaltung gekümmert, aber auch die Belange des Schlosses nicht aus den Augen verloren.

Die Homepage war schon einige Zeit veröffentlicht, doch Veronika hatte noch Verbesserungen eingebaut. So konnte man nun Führungen online buchen, auch mit anschließendem Catering und Aufenthalt in gräflichem Ambiente. Es gab jetzt eine kleine virtuelle geschichtliche Fotoreise über die Apfelplantage anhand von Fotos, die ihr Graf Bernhard zur Verfügung gestellt hatte.

»Super!«, freute sich Trixi. »Du hast echt tolle Ideen! Darf ich Rick diese Fotostrecke mal eben zeigen? Er ist noch im Haus, weil er gleich unseren kubanischen Freund Fernando vom Flughafen abholt.«

»Natürlich!«

Kurz danach bewunderte Rick aufrichtig die ansprechende Reise durch die Geschichte der Äpfel auf Schloss Schlomberg.

»Perfekt gemacht, Frau Meinel.« Er betrachtete sie. Heute war sie wieder ganz Geschäftsfrau. Die obligatorische Hochsteckfrisur, ein Kostüm, High Heels, reichlich Make-up. In Gedanken löste er ihr Haar und wischte ihr zärtlich den Lippenstift ab. Beinahe wäre seine Vorstellung so weit galoppiert, dass er ihr die Kostümjacke auszog. Hätte ihm Trixi nicht einen schmerzhaften Knuffer mit ihrem Ellenbogen gegeben, hätte er auch vor ihrer gut gefüllten Bluse nicht haltgemacht.

»Hey, wir erwarten deinen Kommentar!«

Rick erschrak. »Sorry, irgendwie war ich in Gedanken bei ... bei Äpfeln!«

»Also sind meine Äpfelchen für Sie ansprechend?«

»Wie bitte?« Rick starrte sie an und konnte nicht verhindern, dass ein kurzer Blick auf ihr Dekolleté fiel.

»Ja sag mal, was ist denn mit dir los?«, wunderte sich Trixi. »Du sollst die kleinen virtuellen rotbackigen Äpfel mit den hübschen, lachenden Gesichtchen bewerten, die immer wieder durchs Bild huschen. Das ist doch eine nette Idee!«

»Oh natürlich!« Erst jetzt bemerkte er den lustigen Gag, der erneut Veronika Meinels Können präsentierte. Aber er musste einfach ein wenig sticheln, allerdings auf die liebevolle Art.

»Wir könnten die Äpfelchen ja vielleicht ein paar Mal von hinten zeigen, mit so knackigen Apfelpopöchen…!«

»Nackt selbstverständlich!« Veronika stemmte die Hände in die Hüften.

»Was sonst!«

Schon befürchtete Trixi, dass Veronika jetzt verstimmt wäre. Warum nur hatte sie Rick dazurufen müssen, aber sie war so begeistert von den Umsetzungen ihrer Freundin gewesen! Da wurde sie eines Besseren belehrt. Veronika haute ihrem Bruder verbal so einen drauf, den er nicht wechseln konnte, sondern laut lachend den Raum verließ.

»Graf von Schlomberg! Ich mache seriöse Werbung für eine Klientel, die alte Werte und Traditionen schätzen. Würde ich nackte Hintern zeigen, könnte ich mein Geld mit der Erstellung von Flirt-Hotlines mit dem Slogan *Leck – mich – an!* verdienen oder Sex-Apps designen, die man problemlos auch nach dem Genuss von drei Litern Starkbier noch bedienen kann!«

Als Rick vom Schlossgelände Richtung Flughafen fuhr, hatte er immer noch ein Lächeln im Gesicht. Sie ist eine freche, schlagfertige Person, dachte er amüsiert. Und ihm wurde klar, dass sie auf eine ganz andere Art sexy war, als er es von einer Frau erwartete. Hier paarte sich Intelligenz mit Humor, Stil und gutem Körpergefühl, auch wenn die Maße nicht seinen bisherigen Vorstellungen entsprachen.

Er reflektierte kurz seine Beziehungen, die er nun mit dem Erlebten der vergangenen Monate deutlich als oberflächlich bezeichnen würde. Hey, Rick, dachte er, was ist plötzlich los mit dir? Du wirst dich doch jetzt nicht ausgerechnet in das proppere Event-Pralinchen verlieben!

Dann wurde seine Aufmerksamkeit vom Stadtverkehr in Anspruch genommen. Am Flughafen musste er noch warten, da der Flieger von Fernando Verspätung hatte. So setzte er sich ins Airport-Restaurant mit Blick auf das Flugfeld und schaute den startenden und landenden Maschinen zu. Das hatte er schon als Kind gerne getan. Und bei dem Gedanken an seine Kindheit kam ihm Louis wieder in den Sinn.

Der fröhliche Junge hatte einen so positiven Einfluss auf seinen Vater. Der amüsierte sich über das Weltbild des kleinen Kerls und freute sich, wenn er zu Besuch kam. Dass ihm das Zusammensein mit Louis gut tat, entging natürlich auch Miriam nicht. So hatte sie mit Trixi und Veronika darüber gesprochen. Veronika brachte Louis deshalb nun häufiger mit.

Selbst bei schlechtem Wetter sah man Krankenschwester und Patient im Rollstuhl im Garten, während ein kleiner Junge drumherum hüpfte und beide unterhielt. Er fand abgeknickte Äste, aus denen man tolles Werkzeug basteln konnte oder auch Steine zum Bemalen. Fröhlichkeit und eine große Portion Leichtigkeit hatten Einzug gehalten auf Schloss Schlomberg.

Dann landete der Flieger aus Miami. Fernando war ein echter Hingucker, als er durch den Zoll kam, denn viele weibliche Blicke blieben an ihm hängen. Er war das Bild eines attraktiven, erfolgreichen Menschen. Latin-Lover, hatte Trixi mal gesagt. Das schwarze Haar lag perfekt, die sonnengebräunte Haut glänzte, sein Body war sportlich hoch drei. Durchtrainiert wie eh und je präsentierte er seine Muskeln in einem engen T-Shirt und einer ebenso strammen Jeans. Man sah seinem strahlenden Lächeln die vielen Stunden Flug nicht an. Er barst vor Selbstbewusstsein.

Die beiden Männer umarmten sich herzlich.

Auf der Fahrt zum Hotel berichtete Rick von den großen Veränderungen auf Schloss Schlomberg in den vergangenen Monaten. Er begann mit der positiven Gesundheitsentwicklung seines Vaters durch den Einsatz der persönlichen Krankenschwester, erzählte von der glücklichen Trixi und ihrem Lars und legte besonderes Augenmerk auf Frau Meinel und ihren Geschäftssinn.

»Dann bin ich am meisten auf Frau Meinel gespannt, wenn du so große Stücke auf sie hältst!« Fernando hatte seinen Freund während der Berichterstattung genau beobachtet und schon herausgefunden, dass Rick mehr als Sympathie für diese Frau empfand.

Trixi stürmte die Schlosstreppe herunter dem Auto entgegen und fiel Fernando um den Hals. »Wie schön, dich endlich wiederzusehen!«

Kurz danach saßen sie gemeinsam im Blauen Salon.

»Du kannst nachher auch Veronika kennenlernen, meine Freundin. Rick hat dir ja bereits von ihr erzählt. Sie macht nur gerade eine Führung.«

»Durch das Schloss? Kann ich noch teilnehmen?«, fragte Fernando interessiert.

Trixi sah auf die Uhr. »Sie läuft schon zehn Minuten, aber wenn du willst ...«

Und dann fanden sich Trixi und Rick mit Fernando bei der Schlossführung wieder. Rick beobachtete jeden Schritt und jede Geste von Veronika. Sie machte ihre Sache perfekt! Die Gewandung passte bestens zu ihr, kokett hielt sie den Fächer, sie schien der schöne Geist einer ehemaligen Gräfin zu sein. Die Führung endete mit heftigem Applaus für den humorvollen geschichtlichen Vortrag.

Trixi machte sie mit Fernando bekannt, der sie und ihr Dekolleté mit unverhohlenem Interesse aus seinen dunklen Augen betrachtete. »Mein Kompliment, Frau ...«

»Sagen Sie ruhig Veronika zu mir!« Sie lächelte ihn an.

»Verrronika, ich bin Ferrrnando!«

Er rollte das R so sexy, dass Veronika ihn deutlich interessiert ansah.

Und ich Depp habe seinerzeit abgelehnt, mich mit ihr zu duzen, haderte Rick mich sich und schlug dann vor: »Lasst uns alle in den Blauen Salon gehen. Vater wird auch dazukommen.«

Veronika lehnte ab. »Ich bin jetzt weg, mein Sohn wartet auf mich.«

»Warum haben Sie Louis nicht mitgebracht, Frau Meinel?« Rick war fast enttäuscht, dass sie nicht mehr mit dabei war. »Louis ist doch jederzeit herzlich bei uns willkommen!«

»Das weiß ich, Graf von Schlomberg, aber ich will Miriam und ihren Vater nicht mit einem kleinen Kind überstrapazieren!«

»Das ist doch Blödsinn!«, entfuhr es Rick, fast schon ärgerlich. Er fing sich allerdings schnell. »Louis ist ein ganz liebenswerter Junge und jederzeit ein Gewinn für uns alle.«

Veronika sah ihn sanft an. Dieser Blick ging Rick unter die Haut. Ob sie einen Mann, den sie liebte, auch so ansah?

»Das ist wirklich sehr nett von Ihnen, Graf, meinen Sohn so einzuschätzen. Ich darf mich verabschieden.«

Sie reichte allen lächelnd die Hand.

Rick spürte ihren zarten Händedruck noch Stunden später an seiner Haut.

Auf dem Weg zurück in die Stadt dachte Veronika über die Worte des jungen Grafen nach. Sie hatten ihr Mutterherz gestreichelt. Er konnte richtig nett sein und sah fantastisch aus! So ließen sich die weiblichen Vorstellungskräfte gut beflügeln! Kein Wunder, dass er ständig irgendwelche Models am Start hatte. Bei denen zog jedoch besonders mit an Wahrscheinlichkeit grenzender Sicherheit der gesellschaftliche Status.

Heute Abend war sie eigentlich noch mit Wolfgang Reith verabredet. Unweigerlich verglich sie ihn mit dem Grafen. Leider schnitt Wolfgang dabei schlecht ab. Er wirkte doch eher hölzern gegen Graf Richard, obwohl er auch ein freundlicher, netter Mann war. Jedoch fehlten ihm der spontane Witz und dieses plötzliche herzliche Lachen, was den jungen Grafen so liebenswert machte.

Aber der Grund, warum sie immer noch etwas zögerlich war und Wolfgang hinhielt, war sein Verhältnis zu ihrem Sohn. Es wurde nicht inniger. Und das Wichtigste in Veronikas Leben war nun einmal Louis. Spontan entschied sie sich zu einer Notlüge, sie würde aufgrund starker Kopfschmerzen absagen.

Es wurde eine lustige Stunde im Blauen Salon. Fernando berichtete von seiner Familie, und Graf Bernhard, den Miriam hereingeschoben hatte, hörte interessiert zu, zumal sich die Familien von Schlomberg und Barreras Valdés mehrfach zu Schulzeiten der Kinder getroffen hatten. Er versuchte sich auch an den ersten vollständigen Sätzen. Trixi freute sich über die guten Fortschritte des Vaters.

Und plötzlich passierte etwas völlig Unerwartetes. Graf Bernhard bat seine Pflegerin, sich vor ihn zu stellen. Sie griffen gegenseitig ihre Hände und er zog sich langsam hoch. Man sah ihm die Entschlossenheit und die wahnsinnige Kraftanstrengung an. Miriam lächelte unverwandt, das schien ihm Mut zu geben. Dann ließ er los und stand für einige Augenblicke ganz allein. Als er zu zittern begann, fasste Miriam wieder zu und der Patient glitt langsam in den Rollstuhl zurück.

Es war mucksmäuschenstill geworden. Trixi lief eine Träne vor Rührung die Wange hinab.

»Wir haben ganz doll geübt!«, erklärte Miriam. »Ihr Vater wollte Ihnen unbedingt zeigen, was wir erarbeitet haben. Es soll ein vorzeitiges Geburtstagsgeschenk sein! Und er bittet um den Kauf eines Stocks, denn er möchte die Übungen intensivieren.«

Ihr Vater lächelte stolz. Trixi stürzte auf ihn zu, umarmte ihn liebevoll und küsste ihn. »Wunderbar, Papa! Es ist einfach großartig!«

Doch Miriam dämpfte die Freude etwas. »Das ist eine wirklich tolle Entwicklung, aber wir dürfen uns auch nichts vormachen. Es wird noch sehr lange dauern, bis die ersten eigenständigen Schritte möglich sind.«

»Es ist egal, Miriam!« Trixi war zuversichtlich. »Es ist ein Meilenstein, selbst wenn es nicht schnell geht. Die Hauptsache ist, dass Fortschritte zu verzeichnen sind!«

Das Abendessen nahmen sie allerdings ohne Graf Bernhard ein, denn er wollte Gästen seine Anwesenheit bei Tisch ersparen. Da tat er sich schwer mit seinen Lähmungen, die sich im Arm leider noch gar nicht verbessert hatten.

Trixi erzählte Fernando begeistert von Lars. Später verabschiedete sie sich mit den Worten: »Du lernst ihn ja morgen Abend kennen! Und jetzt macht euch einen schönen Herrenabend!«

♥ 24 ♥

Später saßen die beiden Männer gemütlich mit einem Cognac im großzügigen Wohnzimmer von Rick.
Fernando schlug ihm eine geschäftliche Kooperation vor. Zweimal jährlich sollte ein Kongress mit weltbekannten Sportlern in seinem Hotel in Florida stattfinden. Er wollte ihn als renommierten Dozenten.

»Die entstehenden Kosten werden natürlich von uns übernommen.« Fernando sah ihn abwartend an. »Was sagst du, Amigo?«

»Es ist sehr interessant! Allerdings bedarf es einer längeren Vorplanung.«

»Das verstehe ich. Deine Freundin ist übrigens ebenfalls eingeladen. Sie kann die Zeit, während du arbeitest, mit meinen Schwestern verbringen.«

»Du wirst es nicht glauben, aber zurzeit bin ich tatsächlich solo.«

Fernando grinste.

»Du hast jemandem im Auge!«

»Und woher weißt du das?«

»Erinnerst du dich noch an früher, alter Freund, wenn wir verliebt waren? Wir haben es gegenseitig immer geahnt.«

Rick lächelte in sich hinein. Fernando war sein engster Vertrauter im englischen Internat gewesen.

»Gib`s zu!« Fernando lachte, stand auf und boxte Rick spielerisch auf den Oberarm.

»Ich bin augenblicklich ein bisschen uneins mit mir selbst. Wie ich dir schon erzählte, es hat sich in den letzten Monaten so viel gewandelt, und ich habe mich ebenfalls verändert.«

Fernando nickte und ging hinüber zu dem großen Schlossfenster. Er starrte, sein Cognacglas noch in der Hand, in die Dunkelheit des unbeleuchteten Schlossparks.

»Ja, für verschiedene Menschen, auch in anderen Teilen der Erde, gab es Veränderungen.« Langsam drehte er sich zu Rick um. »Besonders für deinen früheren Schwager!« Er nahm einen kräftigen Schluck seines Cognacs.

Rick sagte nichts. Er hatte, das allererste Mal bei seinem letzten Besuch in Miami, so etwas wie einen Eishauch gefühlt, der von Fernando ausging. Genau dies empfand er im Augenblick erneut. Er stellte fest, dass es eine Seite an seinem Freund gab, die ihm unbekannt war, und die er auch nicht ergründen wollte. Nur: Er hatte sie selbst ins Leben gerufen ...

»Ich habe deiner Schwester zwei, sagen wir, virtuelle Geschenke mitgebracht. Sie soll am Morgen ihres Geburtstages ihre Konten prüfen. Ihr Geld wird da sein.«

Rick schluckte. »Wie ...?«

»Mein Freund Rick«, setzte Fernando langsam an, »ich habe dich gebeten, frage mich niemals! Im Übrigen trägt dieser Dirk nicht mehr euren Familiennamen. Er hat ihn abgelegt.«

Erneut schaute sein kubanischer Freund gedankenvoll aus dem Fenster in die stockdunkle Nacht. Er schwenkte sein Cognacglas, hielt es dicht unter die Nase und sog tief das typische Fass-Aroma ein. »Dieser Cognac ist ein Gedicht.«

Rick holte die Flasche und schenkte ihm nach.

Fernando bedankte sich, fixierte ihn mit seinen unergründlichen schwarzen Augen und hob sein Glas.

»Auf deine wunderschöne Schwester! Es war mir eine Ehre, ihr und ihrer Familie behilflich sein zu können!«

Ein sardonisches Lächeln umspielte seine Lippen, während er eine leichte Verbeugung andeutete.

Für Rick war es in diesem Augenblick, als packe eine eiskalte Hand in seinem Nacken fest zu. Und er wusste instinktiv auch, dass er seinem kubanischen Freund in Zukunft niemals einen Gefallen, gleich welcher Art, ablehnen könne.

»Damit du dich nicht grämst, Amigo, habe ich dir etwas mitgebracht.« Fernando holte einen Zeitungsausschnitt der größten Tageszeitung Miamis und überreichte ihn Rick ohne Worte.

Rick setzte sich und begann zu lesen. So erfuhr er, dass ein deutscher Hotelier anscheinend Opfer eines Straßenüberfalls geworden war. Er hatte überlebt, allerdings mit mehreren gebrochenen Rippen, ausgeschlagenen Zähnen, einem Kieferbruch, Platzwunden und zertretenen Fingern der rechten Hand. Ein Bild des armen Malträtierten und ein weiteres aus dem Stadtgebiet, wo es angeblich passiert war, gab es auch. Man fragte sich, was der Besitzer eines Hotels der oberen Preisklasse nachts in dem als gefährlich geltenden Stadtviertel Liberty City gewollt hatte.

Das brachte die Drogenpolizei auf den Plan und man durchsuchte, während der Hotelier im Krankenhaus lag, seine privaten Räumlichkeiten. Die Polizei wurde fündig. Und so erwarteten den Schwerverletzten nun auch noch Probleme mit den US-Behörden.

Rick hatte schon während des Lesens einen trockenen Hals bekommen. Er nahm einen großen Schluck Cognac.

»Ich möchte dir aber doch eine Kleinigkeit zur Beruhigung erzählen. Dein Ex-Schwager hat direkt nach der Entlassung aus dem Hospital seinen früheren Namen wieder angenommen. Wir haben ihm in Aussicht gestellt, wenn er auf den Namen von Schlomberg verzichte, die Sache mit den Drogen abzumildern. Und da er zurzeit jede Hilfe benötigen kann, fand er den Deal durchaus gerecht.«

Und dann lachte Fernando sein lautes, so ansteckendes, lebendiges, feuriges Lachen.

»Salute, Amigo, das Leben ist schön!«

Die beiden Männer saßen noch bis in die frühen Morgenstunden zusammen. Es schien, als wäre Dirk nie Thema gewesen.

Als Fernando sich ins Bett verabschiedet hatte, machte Rick noch eine Reise durch die Weiten des Internets. Er fand einiges an Information zu dem *Überfall*, dem sein Ex-Schwager zum Opfer gefallen war.

Man hatte ihn, nachdem er vernehmungsfähig war, ausgiebig in die Zange genommen. Letztendlich stellte Dirk die Sache als Entführung dar. Man hätte Geld von ihm, dem deutschen Hotelier, erpressen wollen und ihn daheim überfallen. Da er die Kombination zum Safe verweigert habe, schlug man ihn zusammen, habe ihn in dieses Stadtviertel gebracht, in dem er noch nie gewesen sei, um einen Raubüberfall vorzutäuschen. Die Drogen seien natürlich in seinem Haus absichtlich deponiert worden. Aber er könne sich nicht im Entferntesten vorstellen, wer ihm so übel mitgespielt habe – und warum.

Nun, irgendwie musste er ja seine ramponierte Haut retten!

Was jetzt aus Dirk wurde, entschieden in den kommenden Monaten die Gerichte – und die Kunst der Anwälte.

Auaha! Da hatte Rick ja etwas angezettelt! Auf ewig in der Schuld eines kubanischen Familienclans ...

Das Frühstück fand in der Familienrunde statt, lediglich Graf Bernhard hatte angekündigt, erst später zu kommen. Emmi hatte sich selbst übertroffen, sie wollte Fernando, den sie schon als Kind wähend seiner Besuche auf dem Schloss beköstigt hatte und den sie von Herzen mochte, natürlich mit allerlei Leckereien verwöhnen.

Voller Stolz stellte Trixi ihren Lars vor. Zwischen Fernando und ihm stimmte die Chemie direkt, zumal Trixis Freund den Kubaner in perfektem Spanisch ansprach. Das verband.

»Hey!« Trixi starrte Lars mit riesengroßen Augen an. »Du sprichst Spanisch? Warum hast du mir das denn nicht gesagt?«

»Du hast mich nicht gefragt! Ich war zwei Jahre in Spanien und hab dort gearbeitet, deshalb.«

»Dann kann ich euch ja beruhigt alleine lassen. Nachher kommt Veronika, wir wollen noch ein wenig für die Geburtstagsfeier vorbereiten.«

»Ach, ich dachte, sie wird erst morgen zur Feier wieder hier sein!«, warf Rick ein.

»Das ist mal wieder typische Männer-Denke! Meinst du, alles regelt sich von allein? Wir haben doch schließlich viele Gäste!«

»Wenn ich euch etwas helfen kann ...!«

»Um Gottes Willen! Ich will keinen Stress vor meinem Geburtstag. Du hältst dich schön von ihr fern, wie versprochen!«

»Um wie viel Uhr kommt unsere proppere Event-Heldin?«, ärgerte Rick seine Schwester.

»Siehste! Genau deshalb halt dich raus, halt dich fern! Solltest du sie vor unserer gemeinsamen Feier vergrätzen, mein liebes Bruderherz, frikassier ich dich, klaro?«

Trixi war wütend. Fing er schon wieder an? Er hatte

sich so bisher nie einem Menschen gegenüber verhalten!

»Ist ja gut! Ich benehme mich. Hab ich in der letzten Zeit doch auch, oder?«

»Ja. Ich hab mich eh gewundert, wie du es so lange ausgehalten hast, ohne anzüglich zu werden! Und nein, du bist heute natürlich nicht dabei! Außerdem sind Lars und Fernando hier. Macht euch einen Männer-Schloss-Tag.«

In diesem Augenblick kam Veronika. Zeitgleich schob Miriam Graf Bernhard in seinem Rollstuhl herein.

Veronika hatte den letzten Satz Trixis gehört. »Männer-Schloss-Tag ist sehr gut! Guten Morgen zusammen! Die Herren können sich doch gemeinsam auf die Suche nach dem Gespenst von Schloss Schlomberg machen!«

Sie legte ihre Tasche auf einen der freien Stühle und musste sich so ein wenig drehen. Rapunzel, schoss Rick durch den Kopf, denn ein dicker geflochtener Zopf hing ihr den Rücken hinab.

Sie trug ein T-Shirt und Jeans, die Peeptoes hatten die gleiche Farbe wie das T-Shirt, zart grün. Mit diesem Outfit versuchte sie gar nicht erst, die paar überflüssigen Pfunde, die er mittlerweile als durchaus sinnlich über ihren Körper verteilt empfand, zu verstecken.

Er sah zu Fernando, der seinen Blick – typisch Latino – genießerisch über ihren großen Busen gleiten ließ, der in dem figurbetonten T-Shirt besonders attraktiv wirkte. Seine Impulse mochte er sich dabei nicht vorstellen, zumal blond sein bevorzugtes Beuteschema war.

Und welchen Gedanken hatte Rick als Nächstes? Richtig, dieser blöde Gerichtsfuzzi! Ob man ihm bis zum Geburtstag noch einen Virus reinschieben konnte?

»Wie kommst du auf ein Schlossgespenst?«, fragte Trixi, als sie ihre Freundin herzlich umarmte.

»Zu einem Schloss gehört doch ein Geist! Louis hat doch neulich auch ein Gespenst gemalt. Da kam mir der Gedanke, dass wir im nächsten Jahr einen Kinder-Wettbewerb ausschreiben sollten: *Gib dem Gespenst von Schloss Schlomberg einen Namen!* Dann prämieren wir die schönste Idee. Dazu laden wir alle Teilnehmer hierher ein. Das gibt ordentlich Publicity. Die Kinder dürfen auf die Suche nach der Spukgestalt gehen! So eine Art geführte Schnitzeljagd im Schloss und auf dem Dachboden. Das wird ein Spaß!«

Rick starrte sie an. Die Kreativität dieser Frau war genauso üppig wie ihre Figur!

»Super, Frau Meinel! Letztendlich müssen wir dann aber auch ein Gespenst haben! Sonst sind die Kinder doch enttäuscht.«

»Wie recht Sie haben, Graf von Schlomberg. In dieser Rolle würden Sie mir besonders gefallen! Sportlich, wie Sie sind, könnten Sie sich mit einem Betttuch bekleidet locker über die Dachbalken hangeln. Fotos davon würden sicherlich ziemlich werbeträchtig sein.«

Trixi kicherte, Fernando und Graf Bernhard lachten laut und Lars wartete interessiert auf Ricks Reaktion. Lediglich Miriam behielt ein Pokerface, obwohl sie hätte losbrüllen können: *Das hat er verdiihiient!*

»Meine liebe Frau Meinel!« Als Rick so ansetzte, wusste Trixi, dass das Gekabbel jetzt wieder in vollem Gange war. »Es gibt eine ganze Reihe weiblicher Schlossgeister, daher sollten wir über diese Möglichkeit auch nachdenken.«

»Im Prinzip schon. Aber Schlossgespenster hatten in der Vergangenheit immer ein Problem oder waren schwach, deshalb geistern sie ja schließlich herum! Und glauben Sie mir, ich habe Ihre Familiengeschichte sehr intensiv erforscht. Es gibt keine schwachen Frauen in Ihrer Familienhistorie! Im Gegenteil! Das weibliche Geschlecht Ihrer Linie war dasjenige, dass dieses Schloss in Familienbesitz gehalten hat. Meinen Recherchen zufolge war Jakob von Schlomberg das schwächste Glied in der Kette, somit kommt für dieses Schloss nur ein männliches Gespenst infrage. Er lebte übrigens von 1686 bis 1742, war unverheiratet, depressiv und starb an Schwindsucht.« Sie schaute amüsiert in die Runde. »Wir wollen schließlich authentisch bleiben, da stimmen Sie mir doch zu?«

»Frau Meinel, müssen Sie immer das letzte Wort haben?«

»Alle meine Aussagen sind wissenschaftlich zu belegen, Graf von Schlomberg! Mir kam auch noch ein weiterer Gedanke. Wie wäre es, wenn das Gespenst bezüglich der Authentizität eine rostige Rasselkette bekäme?«

Sie sah ihn herausfordernd an. Dann drehte sie sich zu Trixi. »Komm, wir haben einiges vorzubereiten.« Und damit stöckelte sie mal wieder aus der Tür und Rick sah ihr verdutzt hinterher, den Blick auf ihren prallen Po geheftet.

»Dieses freche Weib!«, er schüttelte den Kopf, konnte sich ein Lächeln aber nicht verkneifen.

»Jetzt verstehe ich«, stellte Fernando fest, »warum du in sie verliebt bist!«

»Ich?«, wehrte sich Rick sofort. »Quatsch!«

»Amigo, du machst mir nichts vor! Und um dir den Rat eines kubanischen Mannes zu geben: Nimm sie dir, bevor es ein anderer tut!«

Draußen vor der Tür machte Veronika freudig das Victoryzeichen. »Yes! Das konnte er nicht wechseln! Tut das gut! Aber er ist ja schon süß, wenn er so hilflos ist!

Wie er dann immer guckt – ich könnte mich bebritzeln!«

Trixi kicherte, denn mitten in der Wortschlacht hatte sie kurz die Angst gepackt, Veronika könnte säuerlich auf die Anspielungen ihres Bruders reagieren.

»Lass ihn schmoren! Ich bin mal gespannt, wie er sich aus der Gespenster-Rolle rauszieht.«

Ein paar lustige Stunden später verabschiedete sich Veronika.

»Wir sehen uns morgen! Ich komme bereits am Nachmittag mit Louis, so können wir in Ruhe nochmals alles checken!«

»Super! Ich bin schon so was von aufgeregt! Lars hat sich Urlaub genommen. Ab heute bleibt er hier! Ist das nicht lieb von ihm? Wir feiern in den Geburtstag rein! Hoffentlich gebe ich am morgigen Party-Abend dann nicht vor Müdigkeit den Löffel ab!«

»Verausgabe dich eben heute Nacht nicht so!«, griente Veronika anzüglich.

»Du auch nicht!«

Veronika prustete los. »Mit wem denn?«

♥ 25 ♥

Es ging auf Mitternacht zu. Trixi schaute nervös auf die Uhr. In wenigen Minuten begann ihr Geburtstag! Sie nullte. Dreißig! Und dieser Geburtstag wurde so ganz anders, als sie vor einem Jahr noch gedacht hatte!

So viel war geschehen! Kurz ließ sie die vergangenen Monate Revue passieren. Sie wurde geschieden. Bloß weg mit den Grusel-Gedanken an Dirk! Dann war Veronika forsch in ihr Leben gestöckelt. Was war das für eine tolle Freundschaft geworden! Ihre althergebrachte ruhige Schlosswelt hatte sich völlig verändert und würde in Zukunft noch erheblich weiter revolutioniert!

Sie hatte Lars lieben gelernt. Der war nun bei ihr, und sie wollte es auch nicht mehr anders haben! So ein Glück!

» Zehn ... neun ... acht ... sieben ...« Lars begann zu zählen und schaute dabei auf die Uhr. »Drei ... zwei ... eins ... yeaaah!«, rief er und umarmte Trixi. »Happy Birthday, meine Süße!« Er küsste sie und Trixi war in diesem Augenblick der glücklichste Mensch auf der Welt.

»Wir müssen anstoßen!«, hauchte sie.

»Gleich! Erst musst du mitkommen!« Lars griff ihre Hand und zog sie Richtung Mittelschloss. »Was denkst du eigentlich? Ich würde von zehn runterzählen und kein Glas in der Hand haben, wenn ich nicht eine Überraschung für dich hätte? Bin ich ein Nasenbär?«

Trixi giggelte. »Ein Süßer aber!«

Dann waren sie im Mittelschloss angekommen. Dort ging es zum Empfangszimmer für Gäste.

Diesen Raum liebte Trixi, und besonders die alte Kunstschmiede-Bank, die dort stand. Wie die eigentlich ins Empfangszimmer gekommen war, wusste selbst ihr

Vater nicht, denn der Raum verfügte durchaus über eine bequeme Sitzgruppe, von der aus man einen Wahnsinnsblick auf den Schlosspark und das Sommerhaus hatte. Auf der Bank sitzen war ein wenig unbequem, deshalb dekorierte Trixi sie immer gerne individuell. So hatte die Bank ihren ganz eigenen Charme in der Ecke des Zimmers erhalten. Mal stand ein großer Krug mit frischen Blumen darauf, dann wieder lag eine Decke darüber und sie drapierte jahreszeitliche Deko.

Die Herbstdekoration dieses Jahres hatte sie als besonders gelungen empfunden. Ein kleiner Strohballen lag auf der Bank, etwas Stroh darunter und jede Menge Äpfel tummelten sich dort. Gäste hatten das Herbstbild sehr gelobt.

»Was wollen wir hier?«, fragte sie erstaunt, als Rick mit ihr vor der geschlossenen Tür stehen blieb.

»Überraschung!« Er küsste sie liebevoll auf die Wange. Dann öffnete er die Flügeltür – sie sah ihren Vater mit Miriam, ihren Bruder und Fernando.

Sie stimmten im Chor *Happy Birthday* an. Trixi war völlig gerührt. Danach gaben sie den Weg ins Zimmer frei. Trixi bekam riesengroße Augen.

Die Sitzfläche ihrer geliebten Kunstschmiedebank war mit einer rosafarbenen, flauschigen Kuscheldecke bedeckt worden! Geschenke, in Rosa verpackt mit dicken weißen Schleifen, tummelten sich zwischen rosafarbenen und weißen Luftballons. Selbst die Wand hinter der Bank, die sonst ein Gartenbild zierte, war in den beiden Farben durch passenden leichten Stoff dekoriert. Dicke Pompons aus Papier vervollständigten das Bild. Später erfuhr sie, dass Miriam sie gemeinsam mit Louis gebastelt hatte.

»Wow!«, entfuhr es Trixi. Dann quietschte sie los. »Oh

Mann, ist das toll! Wie wunderbar! Ich bin total geflashed! Danke, danke, danke!«

»Wir wollten zu diesem besonderen Geburtstag deinen Lieblingssatz: *Ich fühl mich heut rosé* aufgreifen.«

»Aber dann fehlt noch etwas!«, bemerkte Trixi. »Wo ist mein Sekt Rosé on Ice?«

»Hier!«

Wie herbeigezaubert hielt Lars zwei Gläser Rosé in den Händen. Er ließ die Eiswürfel durch leichte Bewegungen erklingen. »Ich liebe dich, Trixi!«

Er küsste sie ganz zärtlich, gab ihr ein Glas und stieß mit ihr an. Für Trixi war es wohl der leckerste Schluck dieses Sektes, den sie je genommen hatte.

Nun stießen auch die anderen mit ihr an, die Gläser klirrten. »Wo habt ihr denn alle plötzlich den Sekt her?« Sie hatte vorher in der Halle doch nichts gesehen! Ein Tablett wäre ihr aufgefallen!

»Wir wollten dich eben zu deinem Geburtstag bezaubern!«, meinte ihr Bruder geheimnisvoll, erklärte aber nichts weiter, sondern nahm sie lange in den Arm.

Ihr Vater hatte Tränen in den Augen, als er Trixi gratulierte. Normalerweise hatte er früher zu speziellen Anlässen immer eine kleine spritzige Rede gehalten. Man merkte, dass ihn seine Behinderungen in diesem Moment stark belasteten.

Aber Trixi nahm dem Augenblick jegliche Schwere, indem sie seinen Rollstuhl ganz in den Raum fuhr.

»Lasst uns alle das Glas hier austrinken! Ihr habt das so wunderschön gemacht, ich kann mich gar nicht sattsehen! Wir müssen das fotografieren! Ich danke euch allen von ganzem Herzen!«

»Willst du auspacken?«, fragte Lars.

»Logo! Aber ich muss erst ein Foto machen! Ich will

das unbedingt Veronika zeigen!«

»Herzchen«, Lars nahm sie liebevoll um die Schulter, »Veronika war an der Planung beteiligt. Sie kennt es!«

Als ihr Vater und Miriam gegangen waren, bat Rick seine Schwester ins Schlossbüro.

»Ich geh schon mal vor und schenke die Gläser nach.« Lars küsste Trixi auf die Nasenpitze. »Lass mich nicht so lange warten!«

Trixi war irritiert, weil Fernando mit ins Büro kam.

Fernando hatte dieses typisch geheimnisvolle Lächeln, als er ihr kundtat, dass zwei weitere Geschenke der besonderen Art mit eingeflogen waren.

Rick hatte den Computer hochgefahren und rief die Seite ihres Geldinstitutes auf.

»Die Bank hat heute Doppelbedeutung für dich!« Er grinste, aber Trixi spürte durchaus seine Anspannung in den folgenden Worten: »Veronika und Lars haben für die Deko deiner Lieblingsbank gesorgt, Fernando hat sich unserer Hausbank angenommen. Sieh her!«

Trixi schaute einmal, sie schaute zweimal. »Aber ...!« Dann schlug sie die Hände vor den Mund, ihre Augen wurden riesengroß.

»Du siehst richtig!«, freute sich Fernando. »Ich konnte deinen Ex-Mann davon überzeugen, dass du ihm das Geld für das Hotel nur geliehen hast. Er fand es passend, es dir zu diesem besonderen Geburtstag mit Zinsen zurückzuzahlen.«

»Fernando ...«, hauchte Trixi. Sie war erstarrt. Sein schönes Gesicht mit dem unheilvollen Blick verriet ihr die Wahrheit – genauso wie ihrem Bruder schon zwei Tage zuvor.

»Mi Amor«, setzte Fernando erneut an, »er fand es auch

richtig, auf euren Namen zu verzichten ...«

Jetzt wurde Trixi die Tragweite seiner Äußerung bewusst.

Ihr Mund wurde trocken und sie schluckte, als sie ihre Frage so vorsichtig und doppeldeutig formulierte, wie es ihr in diesem Augenblick möglich war. »Hat ... hat es ... ihm wehgetan?«

Fernando rieb sich die Handflächen. »Ich befürchte!«

Aber sie reagierte völlig anders, als ihr Bruder vermutet hatte und nahm ihm damit schlagartig sein schlechtes Gewissen.

»Muchas, muchas gracias, Fernando! Dieser Mistkäfer hat das einfach verdient!« Sie flog in seine Arme.

Als sie kurz danach das Büro verließen, fragte sie unsicher: »Weiß Lars ...?«

»*Offiziell* nicht!« Rick hüstelte.

»Oh! Verstanden.«

Später lag sie angekuschelt in den Armen von Lars. Sie seufzte glücklich. »Hmm ... war das schön! So kannst du mich immer verwöhnen!«

»Das ließe sich einrichten!« Lars küsste sie auf die Nasenspitze.

»War ich gut?«, kokettierte Trixi.

»Naja, wie das so ist bei Sex mit Älteren.«

Trixi schreckte auf. »Wie?«

»Na, ich hab das erste Mal mit einer Dreißigjährigen geschlafen!«

Am Nachmittag erschien Veronika mit ihrem Louis. Glücklich gratulierten sich die Freundinnen gegenseitig und Louis überreichte Trixi artig einen Strauß Gartenblumen und ein selbst gemaltes Bild.

»Das bist du, Trixi!«, erläuterte er eifrig, »und deutete mit seinem kleinen Finger auf das Bild. »Ich hab dir auch eine Krone gemalt.«

Tatsächlich erkannte Trixi ein goldenes Krönchen auf ihren schwarzen Haaren. Sie drückte Louis herzlich. »Vielen Dank! Das hast du toll gemacht! Und die Blümchen! Wie schön sie sind! Rosa ist meine Lieblingsfarbe. Danke Louis! Sind sie selbst gepflückt?«

Eifrig nickte der Junge. Dann allerdings konnte er es gar nicht mehr abwarten. »Mama, darf ich schon zu Opa Graf?«, quengelte er.

Die Antwort gab ihm Trixi. »Klar! Du weißt doch, wo es langgeht. Schaffst du es alleine?«

Überzeugt nickte Louis und hüpfte fröhlich singend davon.

»Veronika, hab vielen Dank für die Idee mit der dekorierten Bank! Das ist so … so … großartig rosé! Und danke für dein toll verpacktes Geschenk! Ich hab's natürlich Mitternacht schon ausgewickelt!«

Dann zwinkerte sie mit den Augen. »Hier ist mein Präsent für dich!« Und noch während Veronika mit Freude und Spannung auspackte, musste Trixi lachen – und Veronika stimmte ein.

Sie hatten sich glatt gegenseitig Kosmetik-Gutscheine geschenkt!

Ein wenig später erschien Rick und gratulierte Veronika, indem er sie sogar umarmte. Dabei atmete er ihr Parfüm ein. Dieser typische Veronika-Duft, so fruchtig-frisch, ihm kamen dabei Orangenblüten in den Sinn. Ich könnte sie glatt direkt ausziehen, dachte er, aber laut hatte er natürlich nichts anderes zu tun, als sie zu ärgern.

»Nun, ab einem gewissen Alter kann man die Zahlen ja

nicht mehr umdrehen. Auch in Ihrem Fall, Frau Meinel, sieht es für die nächsten beiden Jahre schlecht aus.«

Veronika sah ihn einen Augenblick verständnislos an.

Der Graf erklärte. »Da haben wir es schon! Das Alter hat durchaus Vorteile. Man vergisst. Ich meinte, 37 umgedreht gibt 73.«

»Aha!« Veronika schoss direkt zurück. Sie sind 31, nicht wahr? Dreht man es rum, erhält man 13. Nur so lässt sich Ihre ungeschickte pubertäre Äußerung einer Dame gegenüber erklären.«

»Sie haben mit dem neuen Lebensjahr nichts an Schlagfertigkeit verloren!«, freute er sich. »Aber so ganz pubertär bin ich dann doch nicht. Einen Moment!«

Er ging kurz vor die Tür, kam direkt wieder und überreichte der verdutzten Veronika einen Strauß weißer Rosen. »Es sind 37, und ich hoffe, ich werde Ihnen eines Tages auch 73 überreichen können.«

Dann drückte er ihr ein Kästchen in die Hand. Dabei setzte er sein charmantestes Lächeln auf. Er nahm ihr die Rosen wieder ab, damit sie das Kästchen öffnen konnte. Zum Vorschein kam eine Haarspange, die über und über mit Steinchen besetzt war.

»Aquamarine sind es, Frau Meinel. Ich habe die Farbe Ihrer Augen gewählt.«

Das brachte Veronika vollends aus der Fassung.

»Ist das herrlich!« Rick lachte. »Endlich einmal erlebe ich Sie sprachlos!« Und ehe sie sich versah, hatte ihr Rick noch einen Kuss auf die Wange gehaucht.

Trixi beobachtete irritiert das Bild. Die beiden standen wie Teenager voreinander. Die Gedanken jagten in Lichtgeschwindigkeit durch ihren Kopf. Gibt es das denn jetzt? Ist mein Bruder etwa in Veronika verliebt? Und als sich diese unglaubliche Erkenntnis bei einem weiteren

Blick in sein Gesicht Bahn brach, wusste sie, dass es noch ein spannungsreicher Abend werden würde – und die Zukunft erst recht …! Was für großartige Aussichten!

Sie bat ihren Bruder glücklich um einen Gefallen. »Holst du uns bitte ein Sektchen? Wir Freundinnen müssen unbedingt jetzt anstoßen!«

Nachdem Rick die Tür hinter sich zugezogen hatte, sprudelte Veronika direkt los. »Sag mal, Trixi, was war das denn? Woher weiß er das mit den weißen Rosen? Die Vorliebe von mir kennst ja noch nicht mal du! Und diese kostbare Haarspange! Ich bin ganz beschämt! So was! Wie reagiere ich denn jetzt darauf?«

Trixi kicherte. »Sag einfach danke und fertig.«

»Aber das ist mir peinlich! Unser Verhältnis ist so ... so ... nun ja, irgendwie komisch! Und heute bekomme ich ein kostbares Geschenk von ihm!« Sie hielt sich die Hand an die Stirn. »Ich glaube, ich kann damit gar nicht umgehen!« Eine leichte Röte huschte über ihr Gesicht.

»Mein Bruder ist schon ein Schatz«, lächelte Trixi, »und nicht die schlechteste Partie! Ich nehme dich gerne und sofort als Schwägerin!«

Veronika wurde tiefrot. »Hör auf! Ich bin figurmäßig indiskutabel für ihn, älter als er und bereits Mutter!«

Oh, registrierte Trixi, sie mag ihn auch! Wenn sie jetzt gesagt hätte, er nervt, halt ihn von mir fern, ich nehme diese Geschenke von ihm nicht! Aber nein, die unsinnigsten Argumente brachte sie an den Start.

»Deshalb fällt mein Bruder für dich flach, weil die Natur ihn leider nicht älter als 31 gemacht hat und er keine Vaterschaft vorweisen kann?«

»Du bist blöd!« Verlegen nahm sie die glitzernde Haarspange aus dem Kästchen. »Sie passt zu meinem Kleid. Darf ich mal eben bei dir ins Bad, ich würde sie gerne einstecken!«

Und damit entschwand sie in Richtung Badezimmer, um Fassung ringend und hoffend, dass Trixi ihre Emotionen nicht erkannt hatte. Das wäre das Ende der Geschäftsbeziehung, wenn sie Gefühle in Graf Richard investieren würde! Aber er sah nun einmal klasse aus, und für sie machte ihn sein Humor so verdammt sexy!

Als sie in Trixis Wohnzimmer zurückkam, war Graf Richard bereits wieder da. Drei Gläser Sekt Rosé on Ice standen auf einem Tablett und er reichte den beiden Frauen eins.

»Auf euren Geburtstag, eure Pläne für das kommende Jahr, beruflich wie privat. Ich wünsche euch Glück und Erfolg.«

»Danke, Rick, das hast du schön gesagt!« Trixi war völlig beschwingt durch die plötzliche Erkenntnis, da könnte sich etwas anbahnen. Da musste sie jetzt überlegen, wie sich das positiv pushen ließe!

Gerade wollte Rick den Ansatz machen, Veronika endlich das Du anzubieten, als es klopfte. Emmi steckte den Kopf herein. »Trixi, würdest du mal eben schauen ... oh Veronika! Du bist schon da! Wunderbar!« Sie stürmte heran. »Herzlichen Glückwunsch! Was siehst du hübsch aus! Diese Farbe steht dir prächtig! Ein helles Blau kannst du super tragen! Könnt ihr beiden bitte mitkommen? Ich habe da ein kleineres Küchenproblem!«

Und damit verschwanden die drei Frauen und ließen Rick einfach stehen.

Mist, da will ich schon mal, da lässt man mich nicht, dachte Rick. Gut, die Nacht ist ja noch lang. Jetzt galt es, sich erst einmal auf seinen Widersacher zu konzentrieren und ihn geschickt aus dem Rennen zu werfen!

♥ 26 ♥

Genau diesen Konkurrenten begrüßte er selbstverständlich ein wenig später mit ausgesuchter Höflichkeit. Er sah nicht übel aus, aber sonst? Was fand Veronika konkret an ihm? Als Gerichtspräsident hatte er natürlich einen bestens dotierten und sehr angesehenen Beruf. Status macht ja angeblich sexy, da konnte man als Mann ja noch so ein Quasimodo sein!

Jedoch so ganz eng war die Beziehung wohl nicht, denn sonst wären sie gemeinsam gekommen. Die Begrüßung allerdings war herzlich und intim gewesen. Er hatte Veronika lange umarmt und dann mit ihr gesprochen. Seine Hände lagen währenddessen vertraut an ihrer Taille.

Schliefen sie eigentlich zusammen? Der Gedanke produzierte plötzlich Eifersuchtswellen bei Rick.

Alle geladenen Gäste waren gekommen und die Party mittlerweile in vollem Gange.

Veronika freute sich besonders über ihre Nachbarin und Freundin Esther mit Mann und Louis' Spielkameraden Marc. Nun tobten die beiden Jungs durch die Halle, beaufsichtigt von Miriam und Graf Bernhard. Die Vier hatten richtig Spaß. Man hörte die Kinder juchzen und die Erwachsenen laut lachen.

Im kleinen Festsaal spielte eine Band, die Stimmung war großartig.

Rick und Lars hatten zu Beginn der Party zur Überraschung von Veronika und Trixi eine kurze spritzige Rede im Dialog gehalten und beiden einen Riesenstrauß Rosen überreicht.

Rick hoffte, an diesem Abend ein bisschen mehr Zeit

an Veronikas Seite verbringen zu können – sich langsam rantasten, sozusagen. Aber da hatte er nicht mit der anwesenden Herrenwelt gerechnet.

Immer, wenn er den Anlauf machte, wurde er entweder selbst angesprochen oder der Weg zu Veronika war zu lang – dann stand plötzlich schon wieder jemand bei ihr! Außerdem wurde sie natürlich stets von diesem Gerichtsfuzzi umschwirrt. Kaum hatte Rick zwei Gläser in der Hand, wurde Veronika gerade mit einem neuen von Wolfgang Reith versorgt!

Und auch sein Freund Fernando flirtete heftig mit ihr. Seine strahlend weißen, ebenmäßigen Zähne leuchteten förmlich durch den Raum, während seine schwarzen Augen Feuer sprühten. Seine Körpersprache zeigte deutlich, dass Veronika für ihn ein Schuss war.

Sie sah aber auch verführerisch aus! Das hellblaue Kleid mit dem tiefen V-Ausschnitt, dem breiten Gürtel und dem weit schwingenden Rock betonte ihre weiblichen Vorzüge. Ihr blondes Haar wurde von s*einem* kostbaren Geschenk gehalten und er fühlte Stolz, dass sie die Haarspange tatsächlich eingesteckt hatte.

Sie wirkte so heiter und gelöst. Er mochte die Art, wie sie lachte, mit den Händen gestikulierte, den Kopf hielt. Sie sprühte vor Leben!

Rick hatte keine Ahnung, das Trixi Fernando beiseite genommen hatte: »Diese Entwicklung gefällt mir außerordentlich! Lass uns da bitte Express-Amor spielen, sonst kommt womöglich dieser trockene Gerichtspräsident zum Zuge! *Das* muss verhindert werden! Kannst du Rick zeigen, dass er sich ganz schön ranhalten muss, wenn er nicht verlieren möchte? Werf ruhig dein ganzes kubanisches Lebensgefühl in diese Aufgabe!«

Fernando hatte aufgelacht. »Arriba!«

Veronika verließ den Saal. Rick würde ihre Rückkehr im Auge behalten. Ein paar Minuten später war es so weit. In diesem Augenblick sagte die Band einen Tango an.

Rick bemerkte, wie der Gerichtspräsident Anlauf auf Veronika nahm. Er aber hatte den kürzeren Weg! Siegessicher lief er festen Schrittes los – und musste erkennen, dass er zwar den Gerichtspräsidenten abgehängt, jedoch trotzdem verloren hatte, denn sein Freund Fernando war der Gewinner!

Mit einem mörderisch betörenden Lächeln zog er Veronika auf die Tanzfläche. Dann tanzten die beiden einen Tango, als würden sie sich ewig kennen und hätten nie etwas anderes gemacht. Fasziniert schaute Rick zu. Ihr Tanz knisterte vor Erotik.

So sehr Rick Fernando auch mochte – genau jetzt hätte er ihm am liebsten eine reingehauen!

Trixi gesellte sich zu ihrem Bruder und flüsterte ihm zu: »Wenn das nicht pure Sinnlichkeit ist, was? Ich kann nur hoffen, dass Fernando unsere Veronika nicht wegschnappt und nach Miami entführt!«

Rick entgleisten die Gesichtszüge.

»Was will sie denn im Ausland? Und Kubaner haben eine ganz andere Mentalität! Außerdem ist Louis schließlich noch da!«

»Was sie von einem Kubaner will? Das fragst du? Sex natürlich! Fernando ist auf dem Gebiet sicherlich eine Bombe ... und in Miami gibt es doch auch Schulen!«

Rick schluckte und sah wieder zu dem tanzenden Paar. Veronika und Fernando schienen die Welt um sich herum vergessen zu haben. Er hatte ihre Taille besitzergreifend umfasst, sein Gesicht war ihrem ganz nah. Er führte sie und Veronika nahm seine Körperimpulse perfekt auf.

Der kontinuierliche Tanzfluss, die langen Schritte, wenn

Fernando sein Bein zwischen denen von Veronika hatte, all das war faszinierend anzusehen. Das fanden auch die anderen Gäste, denn mittlerweile tanzte niemand mehr, sondern man hatte einen Kreis um die beiden gebildet und schaute bewundernd zu.

Trixi sah ihren Bruder von der Seite an. Er litt. Gut so!

Dann war der Tango zu Ende. Applaus brandete auf und Fernando küsste Veronika spontan auf den Mund. Ihr war es deutlich *nicht* unangenehm!

Er geleitete sie zu Trixi und Rick. Seine Hand ruhte auf ihrem verlängerten Rücken.

Trixi schubste ihren Bruder mit dem Ellenbogen und raunte: »Hol ihr was zu trinken!«

Rick drehte ab und kam mit einem Wasser und einem Sekt wieder. Er hielt Veronika beide Gläser hin. »Frau Meinel, nach Ihrer gelungenen Tanzeinlage haben Sie die Wahl!«

»Wie aufmerksam, Graf von Schlomberg!« Sie griff nach dem Wasser und nahm einen großen Schluck.

»Ich hoffe, Sie haben noch genügend Energie für einen Tanz mit mir!«, ergriff Rick die Initiative.

Erstaunt sah Veronika ihn an. »*Sie* wollen mit *mir* tanzen?«

»Unbedingt!«

»Was ein Geburtstag doch so ausmacht! Oder ist es der Alkohol?« Sie betrachtete sein fast geleertes Glas auf dem Stehtisch neben ihnen.

»Frau Meinel, ich bitte Sie! Nur klaren Auges erkennt man wahre Schönheit!« Dann nahm er ihr das Glas aus der Hand und zog sie zur Tanzfläche.

Mensch, was hat sie für eine schöne weiche Haut, dachte Rick.

Mehrere Blicke folgten ihnen. Trixi und Fernando

hoben gleichzeitig den Daumen und lachten. Wolfgang Reith jedoch betrachtete alles mit großem Unbehagen.

»Frau Meinel«, begann Rick das Gespräch, während sie einen flotten Fox wagten, »woher können Sie so gut tanzen?«

»Es war die große Leidenschaft meines verstorbenen Mannes.«

»Oh.« Irgendwie hatte Rick verdrängt, dass sie bereits ein richtiges Familienleben geführt hatte.

Plötzlich imponierte sie ihm. Sie war eine gestandene, vor allen Dingen intelligente Frau – und sie war schön. Er sah in ihre glänzenden blauen Augen, betrachtete den anregenden Schwung ihrer rosafarbenen Lippen. Ihre Bewegungen waren voller Leichtigkeit und Dynamik, die ihm echte Freude machte, denn eigentlich tanzte er ungern.

Die letzten Takte des Fox wurden gespielt, dann erklangen die Töne eines Blues. Veronika wollte sich gerade bedanken und von der Tanzfläche gehen, als Rick sie wie selbstverständlich näher an sich heranzog.

»Sie gönnen mir doch diesen Tanz noch?«, flüsterte er in ihr Ohr. Am liebsten hätte er ihren Hals geküsst. Sie antwortete nicht.

Diesen Blues genoss jeder von ihnen auf seine Art.

Veronika mochte es, wie er sie in den Armen hielt – fest, aber nicht aufdringlich. Er bewegte sich geschmeidig und am allerliebsten hätte sie den Kopf an seine Schulter gelegt, dabei verbot sich das von selbst. Meine Güte, Veronika, sei stark, er ist mehr oder weniger dein Arbeitgeber, verlier dich nicht in einem Gefühl, dass dir nichts als Schwierigkeiten bereiten würde. Sie konnte aber nicht verhindern, dass die Fantasie sie zu den Bildern trug, wie er wohl im Bett sei ...

Rick genoss ihren Körper in seinen Armen. Er sog ihren so typischen Duft ein. Ihre sanften Bewegungen verschmolzen mit seinen. Er wollte sie für die Zukunft an seiner Seite, dessen war er jetzt ganz sicher. Heute Abend und dieser Tanz waren der Beginn.
Aber er wurde mit den letzten Klängen brutal aus seinen romantischen Gedanken geschubst. Plötzlich stand der Gerichtspräsident vor ihnen und klatschte Veronika ab!

Höflich übergab Rick seine Tanzpartnerin, aber innerlich dachte er erbost: Prolet, blöder! Abklatschen ist seit Jahrzehnten out! Man wartet gefälligst, bis der Herr die Dame von der Tanzfläche geleitet.

Und leider gab es auch keine Möglichkeit für den Rest des Abends mehr, Veronika alleine zu erwischen. Dieser Fuzzi Wolfi scharwenzelte ständig um Veronika herum!

Weit nach Mitternacht näherte sich das Fest dem Ende. Ein Großteil der Gäste war gegangen, nur ein kleiner harter Kern blieb, der sich dann aber endlich auf den Nachhauseweg begab. Dazu gehörte auch der Gerichtspräsident. Veronika hatte ihn sehr höflich mit französischen Wangenküsschen verabschiedet und Rick glaubte, ihrer Körpersprache eine gewisse Zurückhaltung zu entnehmen.

Danach saß die gräfliche Familie noch ein wenig mit Lars, Fernando und Veronika zusammen.

Zwei Stunden zuvor war Louis, sein Freund Marc war bereits auf dem Heimweg, noch einmal in den Festsaal gekommen. Er wollte seiner Mama *Gute Nacht* sagen und freute sich auf die Zeit mit Miriam im Sommerhaus.

Zu Veronikas Erstaunen ging er nicht zu Wolfgang Reith, obwohl er den Gerichtspräsidenten schon recht gut kannte. Er lief völlig relaxed, wie Kinder das tun, wenn sie sich wohlfühlen, zu eine anderen Person – zu Rick. Beide sprachen kurz zusammen, Louis nickte, strahlte, drückte den jungen Grafen und marschierte dann mit Miriam an der Hand davon, glücklich winkend.

Man ließ die Geburtstagsfeier noch einmal Revue passieren.

Rick nahm sich vor, Veronika für den kommenden Abend einzuladen. Leider bekam er die Chance nicht mehr, denn Veronika sagte unvermittelt: »Seid mir bitte nicht böse, aber ich bin total müde. Die letzten Tage habe ich nicht viel geschlafen.«

Trixi sprang auf und pflichtete ihr bei, auch ihre vergangene Nacht sei ebenfalls kaum von Schlaf gekrönt gewesen. Sie meinte zu Lars, er könne ruhig noch ein wenig mit den Männern zusammensitzen.

»Ich trinke noch einen Cognac und komme dann!« Lars küsste sie zärtlich auf die Wange.

Ehe Rick ansatzweise etwas einwenden konnte, hakte sich Trixi bei Veronika unter, und mit lieben Gute-Nacht-Wünschen waren die beiden entschwunden.

Obwohl die Müdigkeit groß war, blieb Veronika noch einige Zeit wach. Es passierte augenblicklich etwas, was nicht sein durfte – sie entwickelte Gefühle für Graf Richard! Aber gut, sie war erwachsen und eine vernünftige Frau! Sie würde die Gedanken gut verstecken! Außerdem sah sie ihn in Zukunft sowieso wieder seltener. Die Phase vor dem Geburtstag und die Vorstellung des Geschäftskonzeptes waren Ausnahmen gewesen.

Eine Entscheidung traf sie jedoch in dieser Nacht. Sie würde nicht mehr mit Wolfgang Reith ausgehen. Er war weder der passende Partner für sie noch würde er je ein richtiger Vater für ihren Sohn sein können.

Dann rief sie sich nochmals den Blues mit Graf Richard ins Gedächtnis. Er war ihr so nah gewesen, sie hatte sich wohlgefühlt in seinen Armen, wie beschützt ... und wenn sie sich vorstellte ..., nee, lieber nicht!

Sie kuschelte sich tiefer in die Kissen. Ach was, man wird ja noch träumen dürfen!

Rick hatte noch eine halbe Stunde mit Fernando und Lars zusammengesessen, dann löste sich die Runde auf.

Er stand noch lange in seinem Wohnzimmer vor dem großen Schlossfenster und schaute in die Dunkelheit. Ein weiterer Cognac begleitete seine Gedanken.

Was für ein Abend! Bisher hatte er nie derartige Schwierigkeiten gehabt, eine Frau überhaupt für sich zu interessieren. Er hatte auch jede bekommen, die er haben wollte. Hier war es anders. Außerdem gab es durchaus ernst zu nehmende Konkurrenz!

Aber ihm war heute Abend, als er sie in seinen Armen hielt, einiges klar geworden. Veronika hatte alles, was er von seiner zukünftigen Frau erwartete: Stil, bestes Benehmen und Einfühlungsvermögen.

Sie war nicht mehr nur die intelligente, schöne, humorvolle Repräsentantin des Hauses von Schlomberg auf Geschäftsebene, sie war *seine* perfekte Gräfin! Er musste sie nur, und das schnell, davon überzeugen, dass genau dies auch *ihr* unumstößliches Ziel sei ...

Einen ganz wichtigen Pluspunkt hatte er schon eingefahren – Louis! Der Junge mochte ihn. Und er liebte das kleine aufgeweckte Kerlchen. Er brachte schäumendes Leben in das Schloss, und er passte genauso gut hierher wie seine wundervolle Mutter.

Rick seufzte. Er trank den Rest seines Cognacs in einem Zug.

Morgen, nahm er sich vor ... morgen ...

Fortsetzung folgt ♥

Wie geht es mit Rick und Veronika weiter?
Wird das Konzept Apfelschloss erfolgreich?
Die Fortsetzung erscheint in Kürze.

Es gibt übrigens auch noch andere Romane von uns mit viel Gefühl und Herz, die Dich in die Welt der Liebe entführen. Blätter doch mal um …

Die Schuhverkäuferinnen Paulina und Maren erleben einen Riesenschock. Ihnen wurde kurz und schmerzlos wegen Geschäftsaufgabe gekündigt. Marens Freund Frank schlägt daher vor, den angestaubten Laden einfach zu übernehmen!
Die beiden Mädels wagen mit einer neuartigen Idee und viel Herzklopfen den Sprung in die Selbstständigkeit. Sie erhalten unerwartet zweifache Unterstützung. Clea und Vivien, Inhaberinnen eines Shops für britische Produkte, helfen bei den ersten Schritten – und die Mitglieder von Franks Eishockeyklub stellen ihre Arbeitskraft für die Renovierung zur Verfügung.
Single Paulina wird von dem blendend aussehenden und vor Selbstbewusstsein platzenden Star des Eishockeyteams, René, angeflirtet. Aber es gibt noch einen anderen Mann, der für Herzrasen bei ihr sorgt: Jan, der attraktive Sohn des Vermieters ihrer Geschäftsräume. Allerdings irritiert sie sein merkwürdiges Verhalten ...

Während eines Treffens ihrer ehemaligen Abi-Klasse werden die 32-jährigen Zwillingsschwestern Julie und Sophia brutal an fehlende Partner und diese fiese, biologisch immer lauter tickende Uhr erinnert.
Nun müssen Männer her – mit allen Mitteln der Printmedien, des Internets oder per Speed Dating. Doch die verheißungsvollen Versuche sind niederschmetternd.
20-Euro-Männer, rosa Oberhemden oder Frottee-Unterhosen mit Eingriff – hach, zu blöd aber auch!
Jedoch gibt es immer noch dieses einzigartige Frosch-Prinzen-Phänomen! Manch unscheinbaren Frosch sollte man einfach mal leidenschaftlich küssen.
Die Belohnung könnte atemberaubend sein …

Flugbegleiterin Sarah aus Berlin bemerkt auf dem Weg zum Airport, dass ihr Smartphone die Reise nicht mit ihr angetreten hat, sondern auf der heimischen Küchen-ablage schlummert. Sie kehrt noch einmal um. Zu Hause überrascht sie ihren Verlobten Patrick mit der halb nackten Nachbarin Kira. Schäumend vor Wut bugsiert sie Kira aus der Wohnung und flüchtet dann zum Trösten zu ihrer besten Freundin Maxi an die Ostsee.
Unterwegs lernt Sarah an der Raststätte einen attraktiven Motorradfahrer kennen, der ihr unerwartet bei Maxi wieder begegnet. Leider hat dieser Hotshot eine sehr präsente Ex-Freundin. Aber auch der junge Bürger-meister der Ostsee-Gemeinde ist einen zweiten Blick wert.
Nachdem sie mit Hilfe von Maxi ihrem untreuen Patrick in einer Hauruck-Aktion seine wenigen Habseligkeiten vor die Tür gepfeffert und die bereits organisierte Hochzeit gecancelt hat, beginnen für Sarah die Gefühls-Turbulenzen.

Fortsetzung der Gefühls-Turbulenzen

Sarah kündigt ihren Job als Flugbegleiterin in Berlin. Sie freut sich auf ihre neue Aufgabe als Geschäftsführerin von Maxis Hotel.
Aber ein völlig unerwartetes Ereignis zwingt sie zum Umdenken.Jessi ist nicht wirklich glücklich mit Tom, die beiden haben heftige Beziehungsprobleme, und Maxi läßt ihren Alex aus Rache erst einmal zappeln.
Aus dem Trio der Freundinnen wird ein Kleeblatt, als Konditorin Luisa zu ihnen an die Ostsee zieht. Kaum vor Ort, verliebt sie sich.

Und schwupp …
geht es für alle mit Gefühls-Turbulenzen weiter.

Charlotte und Simona sind enge Freundinnen.
Im Gegensatz zu Simonas Söhnen, die bereits aus dem Haus sind, lebt Charlottes Tochter Clea während ihres Modedesign-Studiums noch im Hotel Mama.

Seit Kurzem hat Clea einen neuen Freund. Obwohl bis über beide Ohren verliebt, erkennt sie doch, dass Christian es mit der Wahrheit nicht ganz genau nimmt und bittet deshalb Kommissar Oliver Wegmann, ihren Freund aus Kindertagen, um eine vorsichtige Recherche.

Das hat ungeahnte Folgen …

Printed in Germany
by Amazon Distribution
GmbH, Leipzig